賢い経営者の
相続と
事業承継
30章

税理士法人
日本会計グループ

税理士
大貫友久・乘田一正・吉岡健司

ロギカ書房

はじめに

　吉岡マネジメントグループは、税理士法人2法人を含め10法人から成る企業グループで、会計事務所と経営コンサルティングをワンストップでご提供している、新しいタイプのコンサルファームです。

　税務はもちろんのこと、顧客が抱える経営、労務、法務、相続など、業務上のさまざまな問題に対して、その解決策をご提供しております。

　税理士は、中小企業経営者の一番身近にいる税務・会計の専門家として、更に経営コンサルタントとして、顧問先様の相談にいつでも対応してくれる存在であるべきだと思っています。

　しかし、1人の税理士の知識や経験には限界があります。顧問先様の抱える問題に気付き、顧問先様のさまざまなニーズに対応するには、弁護士・会計士など他分野の専門家と連携できる体制が必要不可欠です。当グループは、外部の専門家と連携して、複雑な問題にも対応できる体制を整えています。

　顧問先様が先ずは当社の税理士に相談してみよう、そして、いつも親身に対応してくれると思っていただける存在になりたいと思っております。

　さて、本書は中小企業の経営者が事業承継を実施するにあたり発生する、さまざまな相続あるいは後継者問題を浮き彫りにして、その対策を解説しています。

　経営者の事業承継のご相談を受けるたびに感じることは、「相続・事業承継問題は元気なうちから！」です。リスクは分かっていても、まだ大丈夫だ、と一歩を踏み出さない経営者が多くおられます。相続対策は早ければ早いほど効果は大きく、相続が発生してからでは対処が難しくなります。

本書をお読みいただき、経営者ご自身が相続・事業承継問題の解決に向けて、一歩を踏み出されるきっかけになれば幸いです。

　最後に、本書を企画時から刊行まで担当していただいた株式会社ロギカ書房の橋詰守氏には心より感謝申し上げます。

2022 年 5 月
税理士法人 日本会計グループ

税理士 大貫 友久

目次

はじめに

第1章
経営者の相続問題 ……………………………………… 2
～経営者の相続問題は
　元気なうちから考えておきたい

第2章
遺産分割は争族 ………………………………… 8
～経営者の遺産分割で
　子供が大喧嘩することが多い

第3章
遺言書 ……………………………………………… 14
～なぜ遺言書があれば
　子供たちの喧嘩を回避できるのか

第4章
親族内承継 ……………………………………… 20
～子供に継がせる親族内承継は
　ここに注意したい

第5章
株式の生前贈与 ………………………………… 26
～子供への事業承継には早めの贈与が基本

第6章
事業承継税制 32
～税金ゼロになる事業承継税制とは？

第7章
自社株式の評価 40
～簡単な計算は知っておきたい！

第8章
種類株式の活用 46
～株主が分散したときに活用すべき
　種類株式とは？

第9章
少数株主対策 52
～嫌な少数株主から
　株式を買い取る方法とは？

第10章
贈与か売買か 60
～なぜ銀行は株式の売買を提案するのか？

第11章
自社株式の節税手段（1） 68
～類似業種比準価額方式

第12章
自社株式の節税手段（2） ……… 74
〜株特外し

第13章
持株会社 ……… 80
〜なぜ銀行は持株会社化を勧めるのか？

第14章
自社株買い ……… 86
〜後継者に納税資金が無いときは
　自社株買いで現金化を

第15章
経営承継とは ……… 92
〜元気な経営者ほど
　事業承継が難しいのはなぜ？

第16章
後継者を誰に ……… 98
〜会社を誰に継がせるか？

第17章
後継者の決意と覚悟 ……… 104
〜後継者である子供に求められる
　決意と覚悟とは？

第18章
経営者の引退決意 ⋯⋯⋯⋯⋯ **110**
〜経営者が引退を決意するときに
　考えておくべきこと

第19章
生命保険の活用 ⋯⋯⋯⋯⋯ **116**
〜経営者の相続対策に
　生命保険は役立つのか

第20章
納税資金 ⋯⋯⋯⋯⋯⋯⋯⋯ **122**
〜相続税を支払うお金が無いときは
　どうする？

第21章
暦年贈与 ⋯⋯⋯⋯⋯⋯⋯⋯ **128**
〜使えなくなるかも!?
　暦年贈与の大きな効果

第22章
小規模宅地特例 ⋯⋯⋯⋯⋯ **134**
〜経営者の自宅の相続税が激減する
　小規模宅地特例とは？

第 23 章
資産タイプ別相続対策 ………… **140**
～相続対策は不動産・自社株式・金融資産の
　３つに分ける

第 24 章
相続対策の開始 ……………… **146**
～相続対策は、まず何から始めればいいか

第 25 章
M&A ……………………… **152**
～個人財産を最大化する M&A とは

第 26 章
不動産投資 ………………… **158**
～なぜ相続対策に
　不動産投資を勧められるのか？

第 27 章
民事信託（その１）………… **164**
～認知症に対する事前の備え

第 28 章
民事信託（その２）………… **170**
～自社株管理と税務・相続

第29章
賃貸不動産経営 ———————— 176
～不動産を法人で持つと
　節税になるのはなぜか？

第30章
ファミリーオフィス ———————— 182
～会社だけでなく
　経営者の資産管理も考えよう

賢い経営者の相続と事業承継30章

第1章

経営者の相続問題

～ 経営者の相続問題は元気なうちから考えておきたい

高齢になった親の個人財産の相続は、資産家にとって重要な関心事です。相続発生後のトラブルを回避するには、どのように考えておくべきでしょうか。

相続問題の解決は後手に回りがち

　相続にはトラブルが伴います。遺産分割争いや多額の納税など、相続をめぐるトラブルは様々です。自分の相続では、自分はすでに死んでいるため、相続問題に直面することはありません。

　しかし、親からの相続では、自分が当事者となるため、大きな問題に直面することとなります。兄弟間で遺産をどのように分割するか、多額の納税資金をどのように用意するか、様々な問題を自ら解決しなければいけません。

　現実に発生した相続トラブルの事例を見ると、生前には予測できない様々な問題が後から現れるケースが多いようです。

　お客様が所有する財産のほとんどが、容易に分割できない資産であった場合、遺産分割の問題が発生します。例えば、大きな自宅、賃貸用オフィスビル、賃貸用マンションを所有するケースです。また、企業経営者の方が非上場株式を所有しているケースも同様であり、相続人の遺産分割に加えて、会社の支配権争いの問題が生じます。

　仮に、相続人の誰か１人に集中して相続させようとすれば、遺留分侵害という問題が発生します。しかし、公平さを優先して均等に分割させようとすれば、不動産や非上場株式が共有となります。財産の共有によって相続問題を先送りすることはできますが、次世代の相続が到来すれば、大問題になって顕在化することは明らかです。

また、不動産や非上場株式をたくさん持っていても、現金預金が少なければ、相続税を納税することができなくなります。その結果、相続財産の現金化が必要となり、不動産を安値で叩き売らされることになります。

相続問題は生前に解決しておきたい

　これら相続問題に対して、相続税申告を担当する税理士がアドバイスを提供しています。それゆえ、相続人の方々が税理士にアドバイスを求めるケースが多くなります。つまり、相続の発生後から、相続人が問題解決に着手することになり、対策が後手に回ってしまうのです。

　この点、相続生前の段階では、相続人が問題解決に動くケースはほとんどありません。なぜなら、将来の相続財産を把握しているのは、将来の相続人ではなく、将来の被相続人（＝財産を所有する本人）だからです。

　将来の被相続人にとって自分の財産だと言っても、自分が死ぬことを前提とする話です。彼らが自分の相続のために税理士にアドバイス

を求めるケースは多くありません。つまり、相続の発生前から、将来の被相続人が先手を打って問題解決にあたることがないのです。

　現実は、資産家のお客様は相続生前対策を何もしないため、相続の発生とともに問題が顕在化するケースがほとんどです。しかし、先手を打って問題解決にあたれば、解決できる可能性が高くなります。

相続対策を提供する様々な専門家

　これまでは、相続生前対策といえば、不動産土地の有効活用による節税や、生命保険による代償分割の準備など、各専門家の扱う商品・サービスを売り込むための手段としてアドバイスされてきました。

　銀行や不動産会社の営業マンは、融資によるアパート建設を売り込むために土地の有効活用を積極的に提案しています。生命保険会社のファイナンシャル・プランナーは、生命保険を売り込むために、確実な遺産分割のやり方を提案します。

　しかし、これらのような偏った分野のアドバイスだけでは、資産家の方々が抱える多様な問題を解決し、全体最適を実現するような相続生前対策を行うことはできません。

　資産家の方々の相続生前対策を適切に考えるには、お客様のお悩みやニーズがどこにあるのか、客観的かつ中立的な立場からのアドバイスが必要となるでしょう。そういう意味では、個別商品・サービスの単品だけを販売するような専門家のアドバイスは、適切なものではありません。手段が単品に偏っているため、全体最適が実現しないからです。

　相続生前対策の立案は、不動産活用、企業経営、金融資産運用、生命保険、信託など、幅広い手段を活用するアドバイスと、将来発生す

る遺産分割と相続税の計算を、有機的に組み合わせたものでなければいけません。

　そのために専門家は、商品・サービス販売だけでなく、遺産分割や相続税の計算に習熟しておかなければいけません。とすれば、**税理士が最適な専門家**と言えそうです。

　もちろん、税理士がすべての相続問題を解決できるわけではありません。必要となる様々な手段を活用するために、各分野の専門家との連携が必要となります。ハウスメーカーや不動産の仲介業者、証券会社や銀行の営業担当者、法律問題に係る司法書士や弁護士との連携です。

士業連携でワンストップの解決

弁護士

社労士

依頼者

会計士・税理士

司法書士

相続生前対策の３つの柱とは？

　相続生前対策における税理士の強みは、相続税の計算に長けている点はもちろん、個人財産の持ち方（運用、売却）から、分け方（分割）まで理解している点にあります。税理士であれば、これらの問題

をまとめてアドバイスすることが可能となるのです。

　相続生前対策がカバーすべき範囲は広いですが、3 つの柱があります。①円満な遺産分割、②納税資金の確保、③相続税負担の軽減です。

　個人財産には個性があり、所有者によって資産の活用方法が異なるため、「誰に何を渡すか」が重要な問題となります。どれだけ相続税が課されても、資産の必要性が変わることはありません。節税よりも財産の分け方を優先して考える必要があります。

　一方、相続税対策は、納税額を減らす方法を考えることであり、相続税額と納税資金の問題は密接にリンクしています。相続税の節税を行えば、納税額が減ります。つまり、相続税対策は、納税資金の対策となるのです。これらは同時に決定すべきものとなります。

　相続生前対策は、まず財産の分け方を考え、その後から節税と納税資金を考えます。この順序で親の相続問題が解決できないか、じっくりと考えてみましょう。

相続生前対策の 3 つの柱

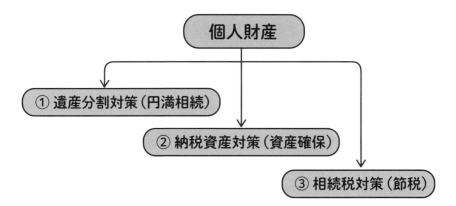

第2章

遺産分割は争族

～ 経営者の遺産分割で子供が 大喧嘩することが多い

親の相続財産に不動産や自社株式が多く含まれていると、将来の相続時にその分け方が問題となります。遺産を分けやすくするにはどうすればよいでしょうか。

分けづらい不動産と 自社株式は争いを招く

相続対策を考える際、最初に検討すべきことは「遺産分割」です。相続税の節税という目的も重要ですが、先に分け方を考えましょう。資産には個性があり、誰が所有して、どのように使用するかによっ

て価値の大きさは変わってきます。相続税の問題よりも、資産の分け方のほうが重要なのです。

　民法に従った相続において、相続人が複数いる場合、不動産や自社株式に係る遺産分割協議の結果、不動産が共有されたり、自社株式が分散して相続されたりすることがあります。

　遺産分割協議では、分け方に関するルールはなく、自分のほうがたくさん欲しいと主張する相続人たちによって、相続財産をめぐる争いが発生することになります。

　しかし、不動産を共有したり、会社を複数の株主で支配したりする状態では、各相続人が不動産や会社を自由に経営することができません。

遺産分割に合意できなければ 相続子供たちが裁判で争うことも

　相続発生後に遺産分割がまとまらなければ、相続税の納税額が確定しません。相続税の納付は、相続開始日から 10 ヶ月後が期限で、現金一括払いです。遺産分割協議書が完成しなければ、銀行の窓口で預金を引き出す手続きもできません（民法改正によって、一部の支払いは可能となりました。法定相続分の 3 分の 1 または 150 万円のいずれか小さな金額が限度額です）。

　そのため、大急ぎで納税しようとする場合、相続人が自分の財布から現金を用意することになります。子供にとって納税が極めて困難な手続きとなるでしょう。期限内に一括納付できなければ、利息を支払って分割納付する「延納」を選択することになるかもしれません。

　また、遺産分割協議書が完成しななければ、有価証券や不動産を売却することができません。銀行預金の手続きだけでなく、証券口座や

不動産登記も変更することができません。様々な資産を自由に処分することができないのです。極端な話、相続人の中に1人でも遺産分割協議書に押印しない人がいれば、相続財産は分割できなくなってしまうのです。

　実務上、相続税の納税資金を、相続した不動産の売却代金で賄おうとするケースがよく見られますが、遺産分割がまとまらない場合には、不動産の売却ができなくなります。

　そして、銀行預金からお金を引き出すことができなければ、相続人の生活費が枯渇してしまうおそれがあります。親の収入に頼っていた相続人は、生活に行き詰まってしまうかもしれません。

　いずれにせよ、**遺産分割協議がまとまらないと大問題**です。何よりも重要な問題は、相続人間の争いが裁判所に持ち込まれて、調停から審判になるリスクです。

　訴訟に発展すると、多額の弁護士費用が必要となることに加えて、数年間にわたり、預金の引き出しや不動産の売却ができなくなります。また、争いの長期化によって人間関係が悪化してしまうことは間違いありません。訴訟はすべての親族に大きな精神的ストレスをもたらします。

遺産分割協議がまとまらないと税負担が増える？

　遺産分割がまとまらない場合、相続税申告が不利になるリスクがあります。相続税の申告期限（相続開始後 10 ヶ月）までに遺産分割がまとまらないと、「配偶者の税額軽減（配偶者が取得する相続財産が法定相続分相当額または 1 億 6,000 万円まで課税されないとする制度）」や「小規模宅地等の特例（被相続人の生活基盤になっていた居住用・事業用の宅地には、▲ 80% または▲ 50% の評価が引き下げられる制度）」などを適用することができません。

　これらの特例が適用できないとなると、相続税額が想定以上に膨らんでしまうこととなるでしょう。

　例えば、小規模宅地等の特例を適用するケースで、遺産分割に際して配偶者が居住用の土地（330 平方メートルまで）を相続することを確定させようとしますと、土地の 80% 評価減が使えるためにため、1 億円の土地（330 平方メートル未満）の場合、課税価格に算入すべき金額は、2 千万円となります。未確定のままの場合は、小規模宅地等の特例を適用しない場合に比べて、財産評価の差額は 8 千万円となり、相続税額は数百万から数千万円も変わってきます。

　また、不動産の分け方でもめた場合、いっそのこと売却して現金で分けようという事態になるかもしれません。しかし、相続財産が未分

割の状態では、不動産や株式を売却する際の「相続税の取得費加算の特例」を利用することができません。これは、相続発生後3年10ヶ月以内に、相続した不動産や株式を売却した場合、その譲渡所得に係る税負担を軽減してくれる制度です。

　いずれの場合も、遺産分割協議がまとまらなければ、相続人の税負担が大きなものとなるのです。

不動産や自社株式でもめたら 代償分割も活用したい

　遺産分割をまとめるための手法として、「代償分割」があります。これは、相続人のうち1人が分けづらい大きな財産（不動産や自社株式など）を取得し、それを取得した相続人が、他の相続人に対してお金（代償金）を支払う方法です。他の相続人は、代償として現金を

もらうことになります（現金以外の資産も可能です）。

　代償分割を活用すれば、不動産を分割せずに遺産分割をまとめることが可能になります。換金しづらい不動産や非上場株式など、分割せずに特定の承継人に全て相続させたい場合などにおいて、代償分割は効果的な方法です。

　ただし、不動産や自社株式を取得した相続人は、他の相続人に対して支払う現金を自ら用意しなければいけません。被相続人が契約する生命保険の死亡保険金の受取人となっておくなど、代償金の資金確保のための相続対策が必要となります。

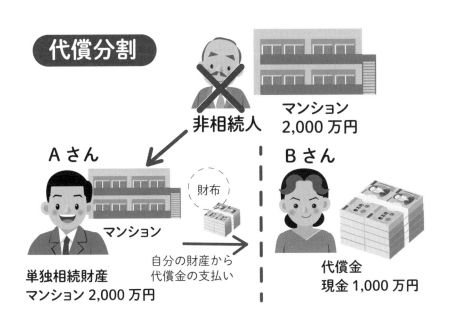

代償分割

非相続人　マンション 2,000万円

Aさん
マンション
単独相続財産
マンション 2,000万円

財布
自分の財産から
代償金の支払い

Bさん
代償金
現金 1,000万円

第3章

遺言書

~ なぜ遺言書があれば 子供たちの喧嘩を回避できるのか

遺言を勧められることが増えてきているはずです。生前に財産の分け方を決めておけば、相続争いは発生しません。遺言書について理解しておきましょう。

遺産分割のトラブル回避には 遺言が有効

　親として、相続発生後に子供たちが争う事態は発生させたくありません。そこで、円滑な遺産分割のためには、将来の被相続人となる自分が、自ら「遺言」を書いておけと勧められることになります。

　遺言は相続対策の基本です。なぜなら、遺言書があれば、相続人

全員による遺産分割協議を行わずに、遺産分割が決まるからです。

　遺言書がなければ、相続の際に、相続人全員で集まって、資産の分け方を話し合うことが必要となります。しかし、仲が悪い兄弟など利害対立する場合は、相続人同士の話し合いがまとまらず、争いやけんかが生じやすくなります。

　実務の現場では、遺産分割協議がまとまらず、子供たちが相続財産を巡って感情的な対立関係となり、骨肉の争いに発展した結果、絶縁状態に陥ってしまうケースが見られることもあります。こうした子供たちの争いを防止するために、遺言によって遺産分割協議を事前に回避するのです。親が自ら分け方を決めてしまうということです。特に、**相続財産の多くが換金性の乏しい不動産を持っている方は、遺言を書いておくべきでしょう。**

　遺言書があれば、不動産の名義変更は可能になります。例えば、相続人が長男、次男、三男の3人で、規模の大きな賃貸不動産を相続するとしましょう。賃貸不動産を3人で共有した場合、3人の署名・押印がなければ、その不動産を売却することも、不動産を担保にして銀行借り入れを行うこともできません。この点、遺言書があれば、「賃貸不動産は長男に相続させ、長男は次男と三男に5,000万円の現金を支払う」といった代償分割を行うことを指定し、不動産の共有を回避させることができます。ここでは、**相続財産を共有させないようにすることが極めて重要なポイントです。**

　遺言書があれば、相続財産を法定相続割合に従わず、例えば、長男にだけ多くの資産を遺すこともできます。また、誰にどの資産を遺すのか特定できますから、「会社は長男に継がせたい」や「老後の面倒を見てくれた長女にはこの自宅に住んでもらいたい」など、ご自身の意思を尊重することができます。

　もちろん、特定の相続人に対して極端に多くの資産を分けた場合、他の相続人が、遺留分の減殺請求権（遺留分の侵害があった場合、そ

の分を取り戻す権利）を主張してくる可能性は残ります。遺留分についても考慮して遺言を書く必要があります。

　このように、遺言書が作成されていた場合、親が相続財産の分け方を決めることになります。将来の子供の幸せを考え、遺言を書いてみてはいかがでしょうか。

公証人役場で
公正証書遺言を書けば安心

　遺言書には3つの形式があります。実務の現場は、せっかく遺言を書いても自筆証書遺言の場合、形式不備で無効になるケースがよくあるのです。

　自筆証書遺言は、開封するときに家庭裁判所の検認を受けなければなりません。検認を受け、相続人の誰からも異議がない場合、遺言書

が有効なものとなります。これによって、不動産の相続登記など相続手続きが可能となります。

　ただし、銀行の手続きを行っても、遺言書に加えて、「他の相続人全員の承諾書」又は「遺産分割協議書」を要求されることが一般的です。これは、たとえ検認済みであっても、遺言書の真偽をめぐって争いが生じる可能性があるからです。裁判所の検認があれば 100% 完璧である、とは言えないのです。

　また、裁判所の検認に意義を述べることができます。家庭裁判所が発行する検認済証明書に、「相続人○○は、この遺言書の筆跡に疑義があると陳述した」などの記載があれば、不動産等の相続登記ができません。登記できないのは、法務局は権利を確定する機関ではなく、確定した権利を公示する機関だからです。遺言自体に疑義があるものに、権利確定させるわけにはいかないのです。

それゆえ、相続後のトラブルを避けるためにも、自筆証書遺言は避けて、公正証書遺言を作成すべきでしょう。

公正証書遺言は公文書なので、家庭裁判所による検認手続きは不要です。公正証書遺言があれば、遺産分割協議書がなくても不動産登記の移転その他の手続きが可能です。相続手続きが迅速に行われることになります。

公正証書遺言を書いておけば、子供たちは安心することができます。

遺言書は遺産分割以外の事項を書くことができる

遺言書の重要性が認識されてきたのは、ここ数年のことですが、それに追随するようにエンディングノートの人気がじわじわと上がっています。

エンディングノートも遺言書と同様、遺された家族に宛てたメッセージです。

遺言書とエンディングノートの一番の違いは、法律的な拘束力を持つか、持たないかという点です。エンディングノートは法的拘束力がないため、書き方に制限がなく、自由に書くことができます。これに対し、遺言書は法的拘束力を持つ文章であるため、書き方や記載できる事項は、民法によって厳格に定められています。

それでは、遺言書には、民法の定められる事項以外の文章を書いてはいけないのかといいますと、書いても問題ありません。

法定されていない記載事項のことを「付言事項」といいます。例えば、遺言書に、「葬儀の方法」を記載した場合、それに法的拘束力は持たせることはできませんが、相続人へのメッセージとして伝えることが可能となります。「葬儀社はどこに依頼するか」「遺影写真はどれ

を使いたいか」「葬儀には誰を呼びたいか」など、付言事項として書いても構わないのです。そのように本人の想いを細かに記載すれば、将来の相続人にも喜ばれることでしょう。遺言書といっても難しいものだと思わず、ご自身の想いを自由に書いてみてください。

○○○○銀行　宇都宮支店　普通預金
口座番号　(山田)^895456 34567

3. 長女　山田良子（昭和 48 年 5 月 10 日生）には以下の遺言者の預金を相続させる。

××銀行　本店　普通預金
口座番号　987654

4. その他遺言者に属する一切の財産を妻 山田(山田) 花子（昭和 20 年 10 月 25 日生）に相続させる。

5. 遺言者執行者として、長男山田良夫を指定する。

6. 付言事項
良夫と花子はお母さんをしっかり支えてあげてください。

令和　○年○○月○○日
栃木県○○市○○町○丁目○番地○

遺言者　山田良夫(山田)

19 行目 7 文字削除 6 文字加入　山田太郎
24 行目 2 文字加入　山田太郎

第4章

親族内承継

～ 子供に継がせる親族内承継は ここに注意したい

会 社を子供に継がせることは、親族内承継と呼ばれます。子供に経営者交代すること、子供に株式を相続することが問題となります。その際の注意点を理解しておきましょう。

最大の課題は企業経営が続くこと

　企業経営者は、経営者であると同時に大株主です。大株主として多くの非上場株式を所有しています。それゆえ、親族内承継の課題は、所有する自社株式をいかに子供たちに相続させるかという問題です。

　これまで業績好調だった法人（会社）や、地価が上昇した土地を所有する法人（会社）では、利益の内部留保が厚くなっています。そうすると、純資産が大きくなり、自社株式の相続税評価が高くなります。

　自社株式は後継者である子供に集中的に承継させたいところですが、個人財産に占める自社株式の割合が高いと、後継者ではない子供とのバランスが悪くなります。そうなると、遺留分の侵害や相続財産をめぐる争いが発生することに加えて、相続税を支払うための資金をどうするかが問題となります。

　また、親族内承継を考える場合、自社株式の相続だけを考えていてはいけません。子供が一人前の経営者になることができるか、企業経営の承継という問題のほうが重要だからです。

　子供が経営者になる決意と覚悟を持つことができれば、企業経営の承継は成功します。後継者による経営がうまく行けば、その経営権の裏付けとなっている自社株式の価値は今後も増大し続けることでしょう。親族内承継は、個人の相続問題として捉えるべきではなく、後継者の育成の問題だと考えるべきなのです。

　企業経営の承継のことを、「経営承継」と呼びます。事業承継と言えば、株式の相続のことを考えるケースが多いようですが、本来は、経営承継を中心的な課題として考えるべきものです。

　経営承継とは、後継者の育成の問題と密接に関係しています。経営者が持っている目に見えない経営力を、いかにして子供に渡してやるかという問題です。

　一般的に、中小企業では経営者個人の経営力が依存しています。後継者がその経営力を習得しなければいけません。後継者を次世代の経営者として一人前にすべく教育することが求められます。

　また、経営者のリーダーシップによって維持されてきた組織を、経営者がいなくても機能する組織に変革することなど、後継者を中心とした新しい経営管理体制を作ることが求められるのです。

この点、経営承継がうまく行かないケースは意外と多いようです。経営者交代によって一気に経営力が低下してしまい、業績が悪化するリスクがあります。また、後継者である子供のリーダーシップが機能せず、古参役員や従業員からの信任を得られず、求心力が失われて退職者が出るリスクもあります。

中小企業と大企業では事業承継が異なる

　事業承継を考える場合、中小企業と大企業では、検討すべき論点が異なります。

　上場企業を含め、大企業の事業は、組織の規模が大きいため、経営者1人の経営力で運営できるものではありません。それゆえ、運営は、数多くの担当者に役割分担されています。加えて、株式の分散によって経営者と所有者（株主）の関係が分離しており、支配権を持つ株主が誰もいないケースが多く見られます。

　特に上場企業の経営者は、必ずしも大株主だというわけでなく、数パーセントの持株比率であれば、金融資産家の立場と大きな相違はありません。そうなると、資産家としての非上場株式の承継と、企業経営者としての経営の承継は、別々に捉えることができるでしょう。大企業の株主にとっての課題は、ほとんどが株式という金融資産の相続税対策となります。

　これに対して、中小企業の事業では、経営者個人の属人的能力によって運営されているケースがほとんどです。経営者1人のリーダーシップによって組織がまとめられています。所有と経営が一致している状態です。

　この状況では、経営者イコール株主となっており、中小企業の株式の価値を作り出しているのは自分自身ということになります。そうなると、資産家として所有する非上場株式の承継と、企業経営者としての経営の承継を同時に考えることが必要となります。つまり、中小企業の株主にとっての課題は、ほとんどが経営承継となるのです。経営承継が成功しなければ、株式の財産的価値も毀損して、相続の失敗をもたらすことになるのです。

企業経営者の相続税は軽い

　金融資産家が所有する金融資産は、遺産分割や納税資金に全く問題ありませんが、相続税評価額が「時価」「市場価格」であるため、不動産や非上場株式よりも相続税負担が重くなります。このため、金融資産家は、相続税対策という難しい課題を抱えることとなります。

　一方、地主が所有する不動産は、金融資産と比べると、財産評価が低い資産です。しかし、法人（会社）の株式ほど財産評価を大きく引き下げることはできません。「不動産の法人化」と呼ばれる手法があるように、不動産を法人（会社）に所有させるほうが、相続税評価が低くなるのです。

　この点、企業経営者が保有する非上場株式は、財産評価が最も低くなるため、相続税対策において最も有効な資産です。伝統的な自社株

対策の手法で相続税評価を引き下げることは可能ですし、事業承継税制を使えば、それ一発で贈与税や相続税はゼロとなります（特例措置の場合）。

　近年の税制改正によって、生命保険を活用した決算対策が使えなくなり、自社株式の評価を引き下げるという相続税対策が機能しなくなってしまいました。このため、企業オーナーの相続税対策の中心は、法人版の事業承継税制ということになるでしょう。

事業承継税制

都道府県知事の認定がある
中小企業者である会社

贈与税・相続税の納税が猶予

株式等の相続・贈与

贈与税・相続税の申告期限

贈与税・相続税の免除

後継者の死亡等

先代経営者等

後継者

提出

税務署

報告書

担保

第5章

株式の生前贈与

~ 子供への事業承継には
　早めの贈与が基本

現経営者が株式を相続時まで持ち続け、相続時に事業承継が行われるケースが見られますが、それでは遅すぎます。今回は、生前に株式を贈与する方法を解説いたします。

優良企業の事業承継では税金が問題に

　親族内承継とは、現経営者から子供や娘婿など親族に対して事業承継を行うことをいいます。通常は、親から子供に株式を承継し、合わせて経営者交代することによって、親族内承継が行われます。
　株式を承継するタイミングは、大別すれば、相続時と生前に分けられます。相続時に株式を承継するということは、現経営者が死ぬ

まで株式を持ち続けるということです。これでは経営権の移転の時期が遅すぎます。後継者候補も「いつ自分が経営者になるのだろうか？」と心配しているはずです。それゆえ、後継者が経営者になる適切なタイミングを捉えるため、通常の事業承継では、生前に株式を承継することを考えます。

　生前の株式承継は、大別すれば、無償譲渡（贈与）と有償譲渡の2つの方法となります。さらに、贈与については、暦年課税制度による贈与（将来的に廃止される方向にあります）、相続時精算課税制度による贈与、納税猶予制度による贈与の3つの方法があります。どの方法によった場合でも、株式承継の際に何らかの税金が課されてしまうことは避けられません。

　株式承継に課される税金（所得税・贈与税や相続税）の大きさは、自社株式の評価額の大きさに比例して大きくなります。つまり、優良企業であればあるほど、自社株式の評価額は高くなり、税負担が重くなるのです。

　業績好調の会社を経営するオーナー経営者が自社株式を保有していると、毎年の利益を計上するたびに、その自社株式の評価額は、どんどん上昇していきます。純資産の大きさや利益額の大きさが評価額の計算要素となっているからです。優良企業であれば、株式承継に伴う税負担は、重要な問題となります。

方　法	生前贈与	相　続
タイミング	生　前	死　後
課　税	贈与税	相続税

暦年贈与で株式を
コツコツ贈与が基本

　生前贈与の3つ方法を理解し、使い分けることを検討しましょう。

　まず、暦年課税制度による贈与（暦年贈与）とは、1年間（暦年）に贈与を受けた金額が110万円（基礎控除額）以下なら非課税、110万円を超える贈与を受けた場合に課税される贈与のことです。

　暦年贈与は、何人でも、何度でも使うことできます。贈与を受ける人を増やして、毎年少しずつ贈与を続けていけば、将来の相続税の節税となります。

　この節税効果を考慮すれば、相続税よりも贈与税の税率が低いかぎり、早めに贈与しておいたほうが得策だということになります。現経営者が、時間をかけて少しずつ後継者に株式を贈与していくことが、相続税対策となるのです。ただし、この暦年贈与は将来的に廃止される方向で検討が進んでいます。

贈与契約書

贈与者○○○○（以下「甲」という）と受贈者□□□□（以下「乙」という）は、以下の通り贈与契約を締結した。

第1条　甲は、乙に対し、下記の金銭を贈与し、乙はこれを受諾した。

一、贈与財産　現金△△△△△円

上記合意の証として、本契約書2通を作成し、甲乙各1通を保管するものとする。

令和　○○年○○月○○日

贈与者甲　　　　住所＿＿＿＿＿＿＿＿＿＿＿＿＿＿＿＿＿＿＿＿＿＿

　　　　　　　　氏名＿＿＿＿＿＿＿＿＿＿＿＿＿＿＿＿＿＿＿＿　印

受贈者乙　　　　住所＿＿＿＿＿＿＿＿＿＿＿＿＿＿＿＿＿＿＿＿＿＿

　　　　　　　　氏名＿＿＿＿＿＿＿＿＿＿＿＿＿＿＿＿＿＿＿＿　印

　生前贈与を行う際の手続き上の注意点は、口約束だけで贈与を行い、証拠が何も残っていない場合、生前贈与が否定されてしまうおそれがあることです。法人税申告書の別表二「同族会社の判定に関する明細書」における「株主等の株式数等の明細」を書き換えておきましょう。また、正式な贈与契約書を作成しておくことも必要です。それらは顧問税理士に依頼しましょう。

相続時精算課税で 一気にまとめて贈与できる

　優良企業で自社株式の評価額が比較的高くなっており、毎年110万円の基礎控除を活用するだけでは、節税効果が小さすぎる、あるいは株式承継のスピードが遅すぎて、現経営者の将来の相続までに間に合わないというケースもあります。

　そのような場合、相続時精算課税制度による贈与を利用して、株式評価額の低いうちに一気に株式承継を完了してしまう方法があります。

　この相続時精算課税制度は、節税方法ではなく、課税の先送りです。税金の一部を贈与時に前払いしておきますが、相続発生時には全額を精算しなくてはなりません。具体的には、贈与財産を相続財産に加算して、相続税を支払うのです（すでに支払った贈与税を控除します）。

　しかし、相続税の課税価格は、相続時ではなく贈与時の株式評価額で計算されるため、評価額の上昇が続いて、贈与時よりも相続時の税負担の増大が想定されているようなケースでは、生前に贈与しておくことが節税効果をもたらします。

　相続時精算課税制度による贈与の適用を決めた場合、贈与を行うタイミングにおいて、自社株式の評価額を引き下げます。例えば、贈与する直前期を現経営者が引退する年度とし、多額の退職金を支払うの

です。決算を赤字とすれば、自社株式の評価額が下がるでしょう。そのタイミングで株式をまとめて贈与すればよいでしょう。

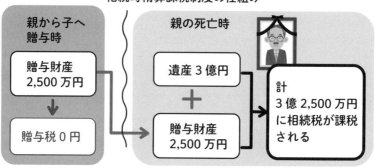

条件が合えば 2,500 万円まで一時的に無税で贈与できる
相続時精算課税制度の仕組み

以上のように、暦年課税制度、相続時精算課税制度による贈与が、親族内承継における株式承継の基本となります。

加えて、近年は、贈与税の納税猶予制度（事業承継税制）による贈与が増えてきています。ただし、この方法は、制度適用申請の手続きを行うためコスト負担（事務作業や専門家報酬）が比較的重いため、税負担が小さい小規模企業が適用すると、メリット（節税効果）よりもデメリット（コスト負担）のほうが大きくなってしまいます。

それゆえ、大まかにイメージとして、この方法は、自社株式100%評価額が1億円を超えるような中堅企業が使うものだと思ってくだ

さい。株式評価額が 1 億円を超えないのであれば、他の 2 つの贈
与の方法を使えばよいでしょう。

公平な遺産分割は支配権争いを招く

　いずれの生前贈与の方法によっても、むやみに贈与する相手を増
やしてしまうべきではありません。後継者となる子供だけでなく、
後継者以外の子供や孫に株式を所有させてしまうケースがあります
が、支配権が分散し、後継者の地位が不安定になってしまいます。

　まだ兄弟間での争いであれば喧嘩を回避することも可能かもしれ
ませんが、孫の世代になり、従兄弟の関係で支配権を争うような事
態になると、人間関係の悪化を修復することが、極めて困難になり
ます。

　遺産分割を公平にすべきか、後継者に集中させるべきか、とても
悩ましい問題です。後継者に株式を集中させるとすれば、後継者で
はない子供たちにはそれ以外の財産を渡して、財産をバランスよく
分けることができるように準備しておく必要があります。生命保険
や不動産といった資産を持っておくのです。顧問税理士にぜひ相談
してみましょう。

第6章

事業承継税制

～ 税金ゼロになる事業承継税制とは？

優良企業の事業承継は、株式の承継に伴う税金が重くなります。今回は、税金ゼロで事業承継が可能となる法人版事業承継税制について解説いたします。

事業を引き継ぎ
やすくなった！

贈与税

相続税

法人版事業承継税制で税金ゼロに！

　法人版事業承継税制とは、中小企業経営承継円滑化法に基づく制度で、非上場株式についての贈与税の納税猶予制度のことをいいます。会社の代表権を有していた先代経営者が、後継者に対して自社株式の贈与を行った場合、先代経営者の相続発生時まで、すべての株式について課税価格100%（特例措置）に対する納税が猶予されるというものです。

　その後、先代経営者に相続が発生したとき、猶予された贈与税が免除され、代わりに相続税が課されることとなります。この際、制度の要件を満たすことによって、贈与税の納税猶予制度から相続税の納税猶予制度へと移行します。すなわち、先代経営者が死亡しても相続税は課されず、後継者の次の事業承継が行われるまで、その納税が猶予されることになるのです。

　この制度はやや複雑ではありますが、一言で言えば、後継者の贈与税や相続税がゼロになるということです。贈与税の納税猶予制度と相続税の納税猶予制度は一体となっており、これらの制度の適用をリレーのように続けることによって、自社株式に係る贈与税および相続税の負担が、将来にわたって大幅に軽減され続けることになります。

　ただし、事業承継税制を適用するには、5年間平均で雇用8割を維持しなければいけない、5年間は後継者が代表から退任してはいけない、次の事業承継までに後継者は自社株式を譲渡してはいけないなど、厳しい適用要件が課されることになります。これらの要件を満たすことができない場合には制度適用が取り消しされ、納税猶予されている税金を、利子税と合わせて納付することになります。

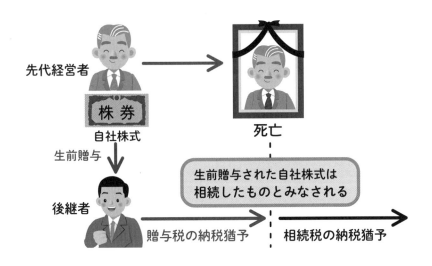

複数の株主から複数の後継者への
事業承継も対象に

　先代経営者が発行済株式100%を所有していれば、株主1人による贈与となって単純な話ですが、自社株式を親族に分散させているケースも多く、その場合、先代経営者以外の株主が持っている自社株式の承継に伴う税金が問題となります

　これについては、近年の制度改正によって、先代経営者以外の株主から後継者に対して贈与された株式も事業承継税制の対象になりました。ただし、先代経営者からの贈与が先行して行われ、その贈与から5年以内に先代経営者以外の株主からの贈与が行われなければいけません。その順序と期限に要件が設けられています。

　また、後継者は1人ではなく最大3名となりました。後継者1人当たり10%以上の株式の贈与を受けるのであれば、3名まで後継者（代表者）として、事業承継税制が適用されることとなりました。

特例制度

贈与者は先代経営者に限定せず、複数でも可能とする

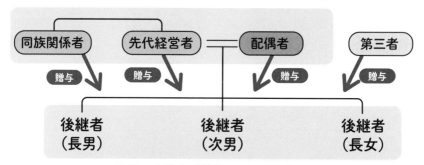

複数の後継者（最大3人）を対象とする

※代表権を有しているものに限る。

※複数人で承継する場合、議決権割合の10%以上を有し、
　かつ議決権保有割合上位3位までの同族関係者に限る。

事業承継税制の適用要件を
確認しておこう

　贈与税の納税猶予制度を適用するためには、対象会社の要件、先代経営者の要件および後継者の要件の 3 つを満たさなければいけません。

> 【対象会社の要件】
> ・経営承継円滑化法に規定される中小企業であること
> 　（資本金または従業員数に上限があります）
> ・上場会社、風俗営業会社に該当しないこと
> ・資産保有型会社・資産運用型会社ではないこと

　資産保有型会社とは、自ら使用していない不動産（賃貸用・販売用）・金融資産・現金預金等（特定資産）が総資産の 70% 以上を占めている会社をいい、資産運用型会社とは、これらの特定資産の運用収入が総収益の 75% 以上となる会社をいいます。

　ただし、これには例外があり、一定の事業実態がある場合には、資産保有型会社等に該当しないものとみなされ、事業承継税制が適用できるものとされています。すなわち、3 年以上、従業員 5 人（社会保険に加入する親族外の者に限ります）を雇用して、事業を営むことです。

【先代経営者（贈与者）の要件】
・過去に会社の代表者であったこと
・贈与時までに、代表者を退任すること
（有給役員で残ることは可能）
・贈与の直前において、先代経営者と同族関係者（親族等）で発行済議決権株式総数の 50% 超の株式を保有し、かつ、同族内（後継者を除く）で筆頭株主であったこと
・株式を一括して贈与すること

【後継者（受贈者）の要件】
・会社の代表者であること
・20 歳以上で、かつ役員就任から 3 年以上経過していること（事業承継税制を適用したいのであれば、3 年前までに取締役に就任しておかなければいけません）
・贈与後、後継者と同族関係者（親族等）で発行済議決権株式総数の 50% 超の株式を保有し、かつ、同族内で筆頭株主となること

　以上のような要件です。
　一見して厳しいように見えるかもしれませんが、実務の現場において、これらの要件が障害となって、事業承継税制の適用をあきらめるケースは、それほど多くありません。経済産業省は可能なかぎり多くの中小企業に適用してほしいと考えており、税制改正のたびに適用要件は緩和されてきたからです。
　事業承継税制のメリットは、税金がゼロになることです。経済産業

省が設けてくれた特別な恩恵です。ぜひ活用したいところです。

　一方、デメリットは、手続きが長期にわたり、煩雑であることに尽きます。この点について、巷でよくある意見として、「守るべき条件が厳しすぎる！落とし穴のような細かい条件でアウトになる！」という意見がありますが、それが嫌ならば申請しなければいいだけの話なので、誤解しないようにすべきでしょう。信頼できる税理士にご相談ください。

税金ゼロでも
遺産分割の問題は解決しない

　確かに贈与税の納税猶予制度を適用すれば、税負担ゼロで株式承継を行うことができます。ただし、この制度は、自社株式の評価額が高くなってしまった会社の経営者が使うべきものです。しかも、自社株式は、基本的に後継者へ集中することが予定されています。

　この場合、先代経営者の個人財産の大部分が自社株式となっているとすれば、それを後継者である子供に集中してしまうと、遺産分割のバランスが悪くなってしまうのです。つまり、後継者ではない子供に残される財産が相対的に小さくなり、彼らの遺留分を侵害してしまうおそれがあります。兄弟仲良しであれば気にすることはないかもしれませんが、親が他界した後に兄弟の仲が悪くなるケースもあるため、遺産分割は要注意です。

　そこで、中小企業経営承継円滑化法には、納税猶予制度に加えて、民法特例が定められています。この民法特例は、経営者から後継者に贈与とされた自社株式について、遺留分の算定基礎財産から除外すること（除外合意）、または、計算に使う価額を固定すること（固定合意）ができる制度です。

　納税猶予制度に加えて民法特例まで適用するとすれば、手続きがとても煩雑で、面倒だと思われるかもしれません。しかし、都道府県庁や税務署に提出する申請書類の作成は、税理士がサポートしてくれます。1人で悩まずに、顧問税理士に相談してください。事業承継を成功させるため、これらの制度の活用を検討してみましょう。

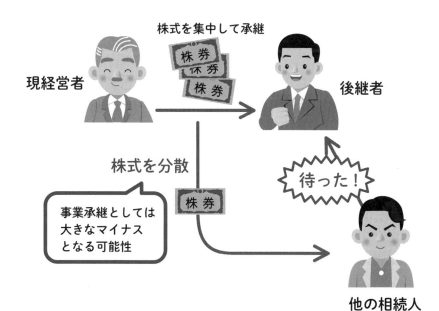

第7章

自社株式の評価
~ 簡単な計算は知っておきたい！

企 業経営者の相続対策を考えるとき、株式の評価額が重要なポイントとなります。優良企業の株式は評価が高くなり、相続税負担が重くなるからです。本章では、自社株式の評価方法について説明いたします。

相続における株式の評価額は法令で規定されている

　上場株式のように、証券取引所で取引される株式であれば、時価が公表されているため、その評価額の計算は簡単な掛け算です。しかし、非上場株式の場合、時価が公表されるものではないため、その評価額の計算が問題となります。

　一般的に、株式の評価額の計算は、相続税や贈与税を計算すると

きに行われます。この際、その計算を税理士に依頼することになり、株式の評価額は、相続税法や財産評価通達に基づいて計算されることになります。これを相続税評価といいます。

　株式の評価額という話をするとき、よく勘違いされるのは、M&Aで会社が売買されるときの評価が、相続税評価と同じだと思われることです。これらは全く異なるものですから、注意してください。M&A と相続は全く別次元です。

　利害対立する第三者間の売買である M&A では、買い手は安く買いたい、売り手は高く売りたいと思うため、恣意的に評価額が計算されることはありません。交渉で合意された金額が株式の評価額となります。

　しかし、仲良しの親族間での贈与や相続では、そもそも買い手がいないため、安ければ安いほどよいという状況となります。そこで、不当に税額を安くされないよう、株式の評価額は、法令に従って計算することが求められるのです。

支配株主と少数株主の
株式評価額は異なる！

　ここで、自社株式の評価額の計算方法を丁寧にご説明しましょう。ただし、この計算を覚える必要はありません。一度だけ「こんな感じなのか」と思われたら、それで十分です。

　さて、株式の評価の最初は、株主の分類です。議決権数に応じて、株主は2つに分類されます。株主の支配権の強さは、株主が所有する株式の議決権数によって異なるからです。支配権の強い株主の評価額は高く、弱い株主の評価額は安くします。

　例えば、オーナー一族のような大株主は、その所有を通じて会社を支配しているので、株式には「会社支配権」としての価値があります。

　これに対して、従業員や得意先など、少数の株式しか所有していない株主は、株式には配当を期待できる程度の価値しかありません。

　このため、株主は、支配株主と少数株主に2分類されます。支配株主は、同族株主等と呼ばれ、原則的評価（①類似業種比準価額、②純資産価額、③それらの併用方式）を適用すべき株主となります。支配権が強いため、原則的評価による株式評価額は高くなります。

　一方、少数株主は、特例的評価（④配当還元方式）を適用すべき株主となります。支配権が無いので、特例的評価による株式評価額は低くなります。

　この本をお読みなっている皆さまは、基本的に支配権を持つ同族株主でいらっしゃるはずですから、原則的評価のみ理解されれば十分です。会社を支配する立場にいるのですから、評価額が高くなることは仕方ありません。

会社　株券

同族会社グループ

会社の株式の 50％超を所有する
一族のことなど

会社　株券

少数株主グループ

同族株主グループ以外の一族

会社の規模と 2 つの計算方式

　次に、原則的評価の計算方法を説明いたしましょう。会社規模によって計算方法が変わってくるのです。

　非上場会社のなかには、上場会社並みの大企業もあれば、個人事業程度の零細企業もあります。そこで、「従業員数」「直前期 1 年間の売上高」「簿価総資産額」という 3 要素によって、会社の規模を「大会社」「中会社の大」「中会社の中」「中会社の小」「小会社」の 5 つに区分します。

　これら 5 つの区分によって、後述する類似業種比準価額と純資産価額という 2 つの計算方法の加重平均の割合が異なるのです。一般的に純資産価額よりも類似業種比準価額のほうが低くになる傾向にあるため、類似業種比準価額の加重割合が大きくなれば、株式評価額が割安に計算されるケースが多いようです。

　上場企業並みの大会社は、原則として類似業種比準価額 100％ で評価します。これに対して、個人事業と変わらない小会社は、類似業種比準価額と純資産価額との折衷額（50％ ずつ）で評価することもできます。

これらの中間にある中会社は、類似業種比準価額と純資産価額を加重平均して評価します。加重割合は、中会社の大・中・小によって異なります。

　いずれも純資産価額 100% の評価額ほうが下回った場合は、純資産価額 100% で評価することもできます。相続税対策で不動産投資を行う場合には、純資産価額がゼロまで低下することがあり、その場合は純資産価額 100% で評価することになるでしょう。

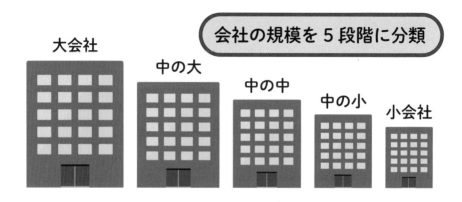

会社の規模を 5 段階に分類

大会社　中の大　中の中　中の小　小会社

類似業種比準価額と純資産価額とは？

　最後に、類似業種比準価額と純資産価額の計算方法です。

　類似業種比準価額は、3 つの指標「配当・利益・純資産」について、評価対象会社と同業種の上場会社を比較し、その割合を上場会社の株価（類似業種株価）に乗じて計算する方法です。評価対象会社がもし上場したら、どれくらいの株価がつくだろうと考えているのでしょう。

　一方、純資産価額は、資産および負債を相続税評価額によって評価する方法です。ただし、資産の含み益に対する法人税額等相当額（37%）は控除して評価額を計算します。

　相続税対策において類似業種比準価額を引き下げようとする場合、

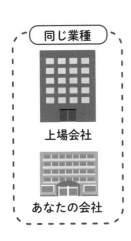

同じ業種

上場会社

あなたの会社

配当

利益　純資産

上場会社の3分の1くらいの
水準としたら……

配当

利益　純資産

上場会社なので、
公開された株価がある

株券

1株3万円

株価も上場会社の
3分の1の金額ですね

株券

1株1万円

　配当・利益・純資産の各要素を下げればよいため、配当金をゼロに
したり、純資産価額を引き下げたりすることに加え、利益を圧縮す
る決算対策が行われることになります。

　純資産価額を引き下げようとする場合、経営者に対する退職金に
よって多額の現金を支払うこと、借入金を伴う不動産購入によって
財産評価の引き下げることが行われることになります。

純資産価額方式

貸借対照表（BS）

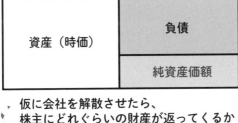

資産（時価）	負債
	純資産価額

仮に会社を解散させたら、
株主にどれぐらいの財産が返ってくるか

第8章

種類株式の活用

～ 株主が分散したときに 活用すべき種類株式とは？

議決権制限株式や拒否権付株式などの種類株式は、所有する株式数とは異なる支配権を創出することできるものです。事業承継における支配権の所在を意図的に変化させる手法として、**種類株式の活用**を考えてみましょう。

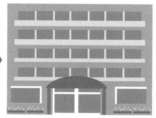

```
┌ ─ ─ ─ ─ ─ ─ ─ ─ ┐
        株主
│ X    〇〇〇株     │
  Y    〇〇〇株
└ ─ ─ ─ ─ ─ ─ ─ ─ ┘
```

〇〇株式会社

役員

自社株式の相続は難しい問題

　経営者の地位を安泰なものとするには、会社の発行済株式の過半数を所有することが必要です。これによって、自己を経営者に選任する支配権を確立することができるからです。後継者にとっても同様に支配権は重要な問題ですが、親から子供へ株式承継において、複数の子供がいる場合が問題となります。

　父親の相続のときに、子供たちへ平等に自社株式を分割した場合、自社株式が分散して、支配権を一本化することができません。相続対策を考える企業経営者が長男だけに自社株式を集中させるべきか、

子供たちへ平等に分散させるべきか、これは税理士がいつも相談を受ける悩ましい問題です。

　長男を後継者に任命し、長男に支配権を確保させるのであれば、長男に自社株式を集中させる必要があります。会社法の観点から、後継者とその友好的な株主へ、議決権の3分の2を持たせるべきでしょう。

　そうすると、父親が持つ自社株式の大部分を長男に取得させることとなり、相続時における遺産分割に偏りが生じます。後継者である長男と後継者ではない子供たちが取得する財産のバランスが悪くなるからです。

　この点、民法には遺留分の定めがあるため、後継者ではない子供への配慮が求められます。遺留分を侵害するほど、長男へ過大な相続財産を取得させることはできないのです。

　以上から、後継者へ自社株式を集中させたいという会社法の問題と、相続人の遺留分を侵害しないようにしたいという民法の問題は相反するものとなります。このため、自社株式という財産を所有する企業経営者の相続はたいへん悩ましい問題となるのです。

遺言なく相続が発生することは危険

　会社オーナーである経営者に、遺言なく相続が発生するケースを考えてみましょう。遺産分割が確定するまでは、自社株式は相続人全員の共有となります。

　ここでよく勘違いされるのは、遺産分割によって1株単位で株式が各相続人に分け与えられると思われることです。例えば、2人の相続人がいるとき、自社株式が50%ずつ所有されるのだ、100株あれば50株ずつ所有されるのだと思われるようです。これは間違っています。

　実際には、自社株式の1株1株すべてが相続人全員の共有となり、遺産分割協議が整わなければ、その1株に付される1つの議決権を行使することができなくなります。つまり、**遺産分割が確定するまで、支配権を持つ株主がいない不安定な状態**となります。

議決権の無い株式の活用

　遺留分の問題があると言っても、後継者ではない子供たちに、不動産や金融資産など自社株式以外の財産を十分に取得させることができれば、よいでしょう。しかし、現実には、企業経営者の個人財産は自社株式ばかりで、不動産や金融資産がほとんど無いというケースがあります。

　そのような場合、複数の子供たちに自社株式を分散させて相続してしまうことがあります。そのようにして株式を分散させるケースを考え、初代、2 代目と、相続を 2 回繰り返したとしましょう。結果として、会社には多数の少数株主が存在する状況となり、孫世代の後継者の経営権は不安定なものとなります。この場合、どのようにして経営者の地位を安定化させればよいでしょうか。

　このようなケースでは、会社法の「種類株式」の制度を活用する方法が考えられます。種類株式には様々なものがありますが、事業承継における以下の問題を解決するツールとして利用することができます。

① 分散している株主を集約したい

② 好ましくない少数株主から株を買い取りたい

③ 特定の株主に議決権を集めたい

④ 後継者の経営権を確保したい

⑤ 後継者に経営を譲りたいが、不安があるので手綱は握っておきたい

⑥ 相続や譲渡による株式の分散を防ぎたい

⑦ 退職・退任を事由に株を買い取りたい

⑧ 特定の株主にだけ配当を行いたい

⑨ 株式の価値を移転して株式評価額を低くしたい

事業承継において活用すべき種類株式の1つが、「議決権制限株式」
です。「議決権制限株式」とは、議決権を行使することができない株
式をいいます。

　例えば、株式譲渡制限会社の大株主である父親から、後継者である
子供Aを含む、子供4人に自社株式を相続させる場合を想定してみ
ましょう。

　通常、父親は、後継者である長男Aに自社株式を集中させたいと
考えるでしょう。しかしながら、民法上の遺留分の制約がありますか
ら、後継者ではない子供の次男B、三男C、四男Dにも自社株式を
取得させるしかない状況です。

　そこで、父親が所有する自社株式の一部を議決権制限株式に転換す
るのです。議決権の制限のない普通株式は、後継者である長男Aに
承継させ、議決権のない議決権制限株式は、後継者ではない子供たち
に承継させるのです。結果として、長男Aのみが議決権を持ち、支
配権を所有する状態にするということです。

　ただし、後継者ではない子供たちは、株式に議決権が無いことにつ
いて不満を持つかもしれません。そこで、承継させる議決権制限株式
について、配当金を手厚くする手当て（配当優先）を施さなければい
けないかもしれません。

　議決権制限株式・配当優先株式を発行した場合、将来のトラブル発

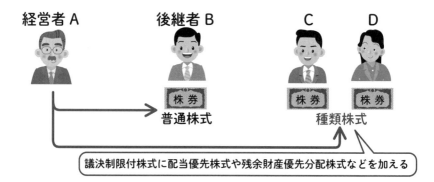

生を抑止するため、それらの株式には、会社による強制買い取りの定めを設けておく必要があるでしょう。

　なお、普通株式を議決権制限株式に転換したとしても、自社株式の評価額は変わりません。議決権の価値は評価されないからです。

拒否権のある株式の活用

　経営者交代はまだ先の話だが、一時的な業績に悪化により株式評価額が下がったため、自社株式だけは先に後継者に渡しておきたいというケースがあります。この場合には、拒否権付株式を活用することが可能でしょう。

　例えば、後継者に自社株式を今すぐ贈与したいけれども、まだ若すぎて経営者交代することができない場合です。このような場合、役員選任など重要な株主総会決議に拒否権を有する拒否権付株式（黄金株）を発行し、現経営者が持ち続けるのです。そうすれば、普通株式の大部分を後継者に贈与してしまったとしても、現経営者が実質的な支配権を維持することができます。

　種類株式は、付与される権限を柔軟に設計することができる株式です。難しい事業承継の解決策のために活用するのであれば、ぜひ顧問税理士にご相談ください。

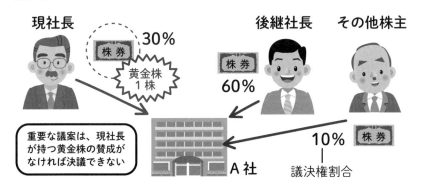

第9章

少数株主対策

～ 嫌な少数株主から
株式を買い取る方法とは？

遠い親戚や第三者が、会社にとって好ましくない株主となった場合、その株式を買い取ってしまいたいと思うかもしれません。本章ではその方法を説明いたしましょう。

後継者の経営権を確保するには

　親族内承継を前提として、経営者に就任する子供の気持ちを考えてみましょう。後継者になる覚悟を決めた子供にとっての関心事は、経営権の確保です。突然経営者を解任されてしまうと困るからです。

　経営権を確保するためには、議決権株式の大部分を取得しなければいけません。しかし、親から子供への株式承継は簡単な話ではありません。相続という問題に関係するからです。

　親から自社株式を相続することになれば、他の兄弟との争いがあるかもしれませんし、親戚との争いがあるかもしれません。特別受益があるため、贈与されても同様です。

　相続において、仮に子供たちが平等な遺産分割を行うと、後継者ではない子供にも自社株式が均等に渡されてしまうことになり、経営権が分散します。これに対して、不平等な遺産分割を行うと、遺留分を侵害するなど、相続争いが発生します。自社株式の相続は難しい問題です。

　会社法の観点からは、自社株式は、後継者に集中させることが望ましいと言われています。その集中度合いの目安は、株主総会の普通決議を支配するための「過半数」ということになるでしょう。そうすると相続財産の大半が後継者に偏ることになります。

　もし親が自社株式以外の財産、例えば、不動産や金融資産をたくさん所有しているのであれば、バランスよく遺産分割することができるでしょう。後継者である子供に自社株式に取得させる一方で、後継者ではない子供に不動産や金融資産を取得させるのであれば、平等な遺産分割が実現するからです。

　しかし、現実に多いのは、親の相続財産のほとんどが自社株式で、自宅は賃貸しており、金融資産はほとんど持っていないというケースです。このような状態では、自社株式をめぐって相続争いが発生して

しまいます。

議決権比率	法的な意味	具体的内容
〜10分の1	少数株主権の行使	総会招集権・帳簿閲覧権（3%〜）など
3分の1〜	特別決議の否決	定款の変更や組織再編・解散などの否決
過半数〜	普通決議の可決（普通のことは何でもできる）	計算書類承認、取締役の選任、役員報酬決議など
3分の2〜	特別決議の可決（原則何でもできる）	定款の変更や組織再編・解散なども可決できる

死ぬまで株式を手放さないと大問題

　現経営者が「自分では決められない、子供たちが話し合って決めてほしい」と考え、遺言を書かないケースが多く見られます。しかし、相続が発生した場合、大きな問題が生じ、危険な相続争いに発展することになるでしょう。

　例えば、自社株式300株を所有したまま他界し、子供3人が相続する場合、その自社株式は相続財産に含まれ、遺産分割協議の対象となります。

　この点、子供たちへ100株ずつ自動的に分割されるのであれば話は簡単でしょう。しかし、民法上はそうではなく、自社株式を仲良く1株ずつ共有することになります。遺産分割が確定するまで、自社株

式の1株1株がすべて共有状態に陥ってしまうのです。これでは相続人である子供たちの遺産分割協議が整わなければ、1株の議決権も行使することができなくなってしまいます。

遠い親戚へ株式が分散することも回避したい

　会社の創業期には資本や株主を集めるために、従兄弟など傍系親族、友人や得意先などに自社株式を分散しがちです。後継者が、株主名簿に叔父さんの名前が入っているのを見て、悩んでしまうケースがあります。

　自社株式を人間関係の遠い株主へ分散させている場合、その自社株式の相続が問題となります。後継者との人間関係が希薄であるため、自社株式を、会社にとって好ましくない第三者に譲渡しまう可能性があるからです。経営に関与していない以上、持っていても意味がないからです。最悪のケースでは、株主総会招集請求権を濫用的に行使されるなど、会社とその第三者が敵対的な関係になり、企業経営に悪影

響が生じてしまいます。

　このような問題を避けるためには、**発行済議決権株式の全部を譲渡制限株式としておくことが不可欠**です。譲渡制限株式の譲渡について取締役会又は株主総会の承認が必要となり、第三者への分散を防止することができるからです。

　しかし、譲渡ではなく、自社株式が相続される場合には、会社による譲渡承認を受ける必要はありません。それゆえ、相続されるケースを想定した別の手段が必要となります。

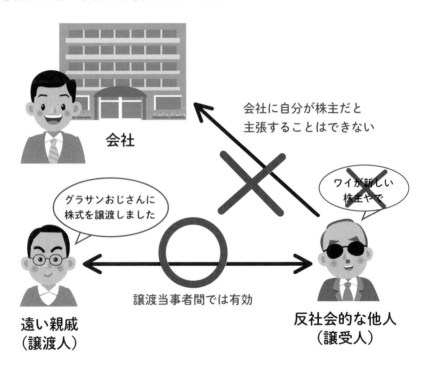

会社

会社に自分が株主だと
主張することはできない

ワイが新しい
株主やで

グラサンおじさんに
株式を譲渡しました

譲渡当事者間では有効

遠い親戚
（譲渡人）

反社会的な他人
（譲受人）

売渡請求権を悪用された 「相続クーデター」

　相続による自社株式の分散を防ごうとするならば、相続人に対する売渡請求を行うことができる定款規定を設けておくことが必要です。これによって、会社に好ましくない人が自社株式を相続した場合、会社が売渡請求することで、自社株式を買い取ってしまうのです。

　会社から見れば、自己株式の取得となり、特定の株主から取得するための決議をすることになるため、株主総会の特別決議（議決権の過半数の株主の出席かつ出席株主の議決権3分の2以上の賛成）が必要です。

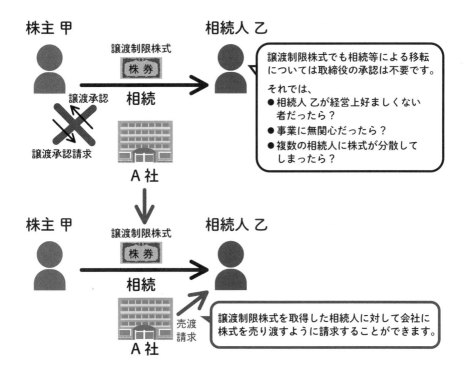

株主 甲　　譲渡制限株式　株券　　相続　　相続人 乙

譲渡承認　　譲渡承認請求　　A社

> 譲渡制限株式でも相続等による移転については取締役の承認は不要です。
>
> それでは、
> ● 相続人 乙が経営上好ましくない者だったら？
> ● 事業に無関心だったら？
> ● 複数の相続人に株式が分散してしまったら？

株主 甲　　譲渡制限株式　株券　　相続　　相続人 乙

売渡請求　　A社

> 譲渡制限株式を取得した相続人に対して会社に株式を売り渡すように請求することができます。

この点、通常のケースでは、株主総会決議の際、他の株主は、自分を売り主に追加するよう会社に請求することができるため、問題となります。

　しかし、定款に基づく売渡請求に基づく自己株式の取得の場合、他の株主から売り主への追加を請求できないこととされています。

　ただし、この制度には、危険なケースがあります。それは、会社にとって好ましくない人に相続が発生することよりも先に現経営者に相続が発生するケースです。

　現経営者に相続が発生した場合に、株式を取得すべき後継者が相続人となります。ここが危ないのです。そのタイミングで、定款規定に基づいて会社が後継者に対して売渡請求権を行使されてしまう危険性があるからです。売渡請求権の行使によって、大量の自己株式が取得されてしまうと、最悪の場合、会社にとって好ましくない株主が筆頭株主になってしまうこともあるでしょう。これを「相続クーデター」といいます。

　会社にとって好ましくない株主が株主総会招集請求権を持っている場合には、要注意でしょう。

分散した株式は早めに買い取りたい

　相続発生後における自社株式の買い取りは、遺産分割のバランスを図るために有効な手段となります。加えて、譲渡所得の特例が適用されて税負担を軽減できるという特典が付されています。

　しかし、相続発生後の自社株式の買い取りは、相続争いを招くケースが多く見られます。それゆえ、可能であれば、現経営者の生前に自社株式を買い取っておきたいものです。

　方法の1つは、後継者が自ら買い取っておくことです。他の株主が譲渡価額に合意し、買い取り資金を準備することができるならば、後継者は、株式の買い取りを進めておくべきです。これが最もシンプルな方法でしょう。

　後継者が買い取るのではなく、現経営者が自ら買い取っても構いませんし、会社が買い取っても構いません。いずれにせよ、後継者との関係性が薄い株主から自社株式を買い取っておくことで、後継者に将来の揉め事を残さないようにしておくことが重要です。

第10章

贈与か売買か

～ なぜ銀行は株式の売買を提案するのか？

・・・・・・・・・・・・・・・・・・・・・・・・・・・・・・・・・・・

経営者の株式承継について、税理士は贈与を提案しますが、銀行は売却（有償譲渡）を提案します。本章では、様々な株式承継の方法を解説しましょう。

売却のメリットは遺産分割対策

中小企業経営者にとって事業承継は難しいテーマですが、経営者交代だけでなく、後継者への自社株式の承継が大きなハードルとなります。親族内承継といえば、子供への承継ですから、無償で株式

を渡す贈与が基本となるでしょう。通常、子供から譲渡対価をもらおうなどと、親は思わないからです。

　しかし、銀行は、無償の贈与ではなく有償の売却を提案します。なぜでしょうか？

　その理由は、民法上の問題にあります。後継者ではない子供たちの遺留分です。自社株式という財産は、生前贈与したとしても遺留分の計算から除外されることはありません。将来の相続の際には遺留分の算定基礎に含まれることとなります。生前に贈与された自社株式が「特別受益」として加算されるからです。

　銀行はその点を強調します。相続争いを避けて、自社株式を確実に後継者に渡したいのであれば、有償での売却が効果的な手法となると説明します。これによれば、後継者ではない相続人から遺留分を主張されるおそれがなくなり、後継者の地位が安定するというわけです。

　ただし、有償で買い取るお金などないといっても、1株1円など恣意的な譲渡価額は認められません。子供には税法上適正な譲渡対価を支払わせなければいけません。

　自社株式の売却という方法のメリットとして、業績が好調で将来の株式評価額が上昇するとしても、その前に先手を打って後継者に渡しておけば、税負担の増大を回避することができるという点があります。ただ、これは贈与であっても同様の効果があるため、売却だけの特別のメリットというわけではありません。

　もう1つのメリットは、オーナーの個人資産を、非上場株式から現金に転化することになるため、後継者ではない子供たちに渡すことができるという点があります。結果として、将来の遺産分割の際に、後継者である子供と後継者ではない子供との不平等がなくなり、遺留分の問題が発生することを回避することができます。

　さらに、いまオーナー個人の手元に現金が少ないという場合であっても、自社株式を売却して現金化すれば、引退後の生活資金をまかな

うことができる点が挙げられます。贈与ではお金はもらえません。これは売却に特有のメリットです。

売却のデメリットは税金負担と後継者の借り入れ返済

　自社株式の売却によれば、後継者は、親が所有する自社株式の譲渡対価を支払わなければいけません。優良企業の譲渡価額は、かなり高額になるでしょう。買い取り資金が必要です。後継者である子供が借入金をして、その資金を親に支払うことになります。

　それゆえ、融資の機会を獲得したいと考える銀行が提案するのです。このスキームを実行した結果として、銀行は優良企業に融資を実行したことになるからです。

　遺産分割対策として、株式の売却は効果的な方法です。しかし、譲渡対価を受け取ったオーナー個人の手元に多額の現金が入ってきます。それゆえ、オーナー個人には、譲渡所得に対する税負担が生じます。また、多額の現金を受け取るため、個人財産は減少するどころか、相続税評価ベースでは増加することがあります。トータルで考えると相続財産は減りません。したがって、株式売却を行った後、受け取った現金に係る相続税対策の検討が必要となります。

　一方の後継者側では、調達した借入金の元利返済の負担が重くなり、会社の資金繰りを悪化させるおそれがあります。後継者のモチベーションが下がってしまうと大問題でしょう。

　このように自社株式の売却を行うと、税金負担と後継者の借り入れ返済の側面においてデメリットが伴いますので、注意が必要です。

後継者は受皿会社を作って資金調達

　自社株式を売却する方法は、後継者が自社株式を買い取る方法となります。ただし、個人で買い取るのは、銀行の与信判断の点から難しく、銀行の審査を通すテクニックとして、法人を新設し、法人で自社株式買い取ることになります。

　具体的な方法ですが、後継者が受皿会社となる法人を設立し、その法人が銀行から資金調達を行い、自社株式を買い取ります。買い取った後に、親子会社関係、持株会社が事業会社を支配する所有構造が出来上がります。このような状態に着目し、銀行はこの方法のことを「持株会社スキーム」と表現することが多いようです。正確に言えば「受皿会社スキーム」でしょう。

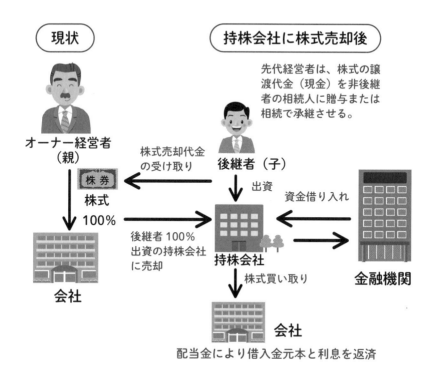

　持株会社が株式を買い取った後、事業会社が獲得した利益を持株会社へ配当で分配します。持株会社は、それを原資として借入金を返済し続けます。

　このスキームは、全体を俯瞰しますと、会社が後継者に代わって借入金を返済するものとなります。借入金によって自社株式を購入するスキームと同じことです。もちろん、借入金の返済原資は税引き後利益によることから、会社は、返済金額を上回る利益を獲得しておかなければなりません。

後継者は親からの借り入れを
行うことも可能

　自社株式の買い取りスキームは、その買い取り資金を必ずしも銀行から借り入れで調達しなければならないというわけではありません。

　後継者が十分な自己資金を持つのであれば、それを使えばよいでしょう。また、株式の譲渡対価を分割払いにする契約として未払いとし、親からの借り入れという状態にすることも可能です。社債発行で親族から借り入れてもよいでしょう。

株式ではなく事業の一部承継も可能

　事業承継は、株式の贈与や売却によって事業全部を移転させなければいけないというわけではありません。事業全部、会社丸ごとというわけでなく、会社が営む事業の一部を移転する方法も効果的でしょう。

　例えば、会社が大きな不動産を所有する場合、事業だけを分社化して子会社を設立し、その株式を後継者に売却する方法が考えられます。

　この場合は、子会社株式の売却するスキームでもよいですが、事業だけを譲渡するスキーム（事業譲渡）を使うこともできるでしょう。現金交付型会社分割（非適格再編）でも同様です。

　いずれにせよ、事業を切り離した後の会社は不動産を所有するだけの状態となり、株式評価額は著しく低くなるはずです。これによって、相続税対策を行うことができます。

　自社株式の贈与か売却か、判断に迷ったときは、ぜひ顧問税理士にご相談ください。

株主

```
┌─────────┐
│ X 事業   │
│ Y 事業   │
└─────────┘
```

会社分割

株主

```
┌─────────┐      ┌─────────┐
│ X 事業   │      │ Y 事業   │
└─────────┘      └─────────┘
```

それぞれの事業を
分けて行いたい

それぞれの事業を分けたことで
管理しやすくなった

第11章

自社株式の節税手段 (1)

～ 類似業種比準価額方式

事業承継において、自社株式の承継に伴う税負担が大きな問題となります。今回は類似業種比準価額方式を活用して評価を下げる方法を考えましょう。

類似業種比準価額の算出式（平成29年以降）

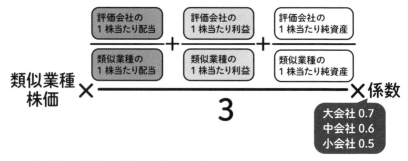

$$\text{類似業種株価} \times \frac{\dfrac{\text{評価会社の1株当たり配当}}{\text{類似業種の1株当たり配当}} + \dfrac{\text{評価会社の1株当たり利益}}{\text{類似業種の1株当たり利益}} + \dfrac{\text{評価会社の1株当たり純資産}}{\text{類似業種の1株当たり純資産}}}{3} \times 係数$$

大会社 0.7
中会社 0.6
小会社 0.5

自社株対策の基本的な考え方

　親族内承継で大きな問題となるのは、株式承継に伴う相続税負担の大きさです。それゆえ、相続税負担の軽減が課題となりますが、その基本的手段は、株式の評価額を引き下げることです。株式評価は決算数値を使って行われますので、引き下げを検討する際には、決算書と申告書を用意しましょう。

　株式評価の方法の1つである純資産価額は、会社の時価ベースの純資産の大きさによって評価されます。

　会社が含み益の大きな土地を保有している場合、借入金が少ない場合、数十年間の留保利益が巨額に積み上がっている場合（純資産の部の「繰越利益剰余金」の金額が大きい場合）、純資産価額は高い評価となります。そのような場合、不動産の売却によって含み損を実現し、純資産価額を低下させることができるか確認しましょう。

　もう１つの方法である類似業種比準価額は、配当金、利益、純資産によって評価されます。

　３年度以上の期間を通じて好業績を継続している場合に高い評価となります。それゆえ、贈与または相続のタイミング、その一瞬を狙って赤字決算を計上し、利益を減少させることができるか確認しましょう。

類似業種比準価額の 適用割合を高める方法

　一般的に、非上場株式の評価において、類似業種比準価額のほうが純資産価額よりも低い評価になるケースが多いようです。類似業種比準価額と純資産価額で10倍くらい評価に差が出るケースも少なくありません。そのようなケースでは、評価が比較的低い類似業種比準価額の加重平均割合を高めることが相続税評価額の引き下げにつながります。そのために、株式評価を引き下げるには、評価方式を決める判定基準である会社規模を上位ランクに持っていくことが必要です。

　たとえば、中会社の大であれば、類似業種比準価額の加重平均割合は90％ですから、一段のランクアップを図って、加重平均割合100％となる大会社を目指すことが相続税対策の基本です。

会社規模のランクアップを図る方法は、

（1）従業員数を増やすこと
（2）総資産を増やすこと
（3）売上高を増やすこと

です。

　借入金によって設備投資を行い、総資産額を増やすことも効果があるでしょう。しかし、総資産だけ増えても、従業員数や売上高が増えなければ区分変更が認められない仕組みとなっています。

　即効性のある方法は、M&A による事業譲受や合併による規模拡大でしょう。これによって従業員数や売上高を増やすことができれば、会社規模のランクアップを行うことができます。

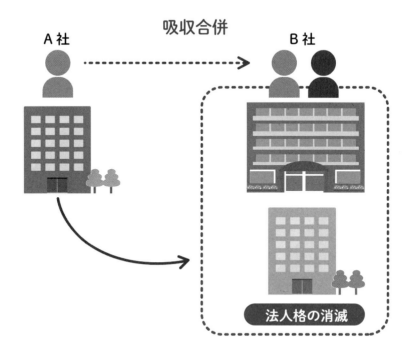

　外部の会社との M&A でも構いませんが、グループ内の兄弟会社や子会社との合併を行うことによっても会社規模を引き上げることは可能です。複数の会社を経営しているならば、グループ会社同士の合併を検討すべきでしょう。これによって従業員数と売上高を増やすことができればよいでしょう。特に、合併する片方の会社が赤字かつ債務超過ならば、もう片方の黒字を相殺できることに加えて、純資産も減少させることもできますので、類似業種比準価額と純資産価額の両方を引き下げる効果が期待できます。

類似業種比準価額を引き下げる方法

　類似業種比準価額の比準要素は、配当：利益：純資産ですから、贈与または相続の瞬間を狙って赤字の事業年度を作り、株式評価を引き下げることができれば、税負担が軽くなります。このタイミングを狙って相続時精算課税制度による贈与を行えばよいでしょう。実務の現場では、この方法によって、税負担を 8 割軽減することができたといった事例がたくさんあります。

　会社の決算を赤字にするための手段としては、①利益を減らす（損失を計上する）ための決算対策の実施、②高収益部門の会社分割による子会社化があります。

　①利益を減らす決算対策の伝統的な手法は、役員退職金の支払いです。オーナー経営者の退職と同時に株式承継するのであれば、この手法が最適です。役員退職金の支払いによって大きな損金が計上されますと、利益が減少することによって株式評価額が下がります。

　この点、税法では次のように計算式による金額を役員退職金の限度額として認めています。

役員退職金 ＝ 最終報酬月額 × 勤務年数 × 功績倍率

　よくある論点は、経営者がすべての役職から退く場合は全く問題ありませんが、常勤から非常勤などになる場合の取り扱いです。役員退職金を支給するのであれば、退職するという実態を伴っていることが必要であるため、退職後も引き続き会社に出社して経営指揮をとって意思決定をしていたら、退職金の損金算入は認められません。要注意でしょう。

　しかしながら、オーナー個人に退職金を支払いますと、所得税が課されてしまうだけでなく、相続財産としての手元現金が増えてしまうことになります。退職後には、現金という個人財産に係る相続税対策が必要となることに留意する必要があります。これを忘れやすいため注意する必要があるでしょう。退職金を支払うだけで相続税対策が完了するわけではないのです。

　また、従業員に賞与を支給する、古い固定資産を除却する、寄付金を支払うといった伝統的な決算対策でも同様の効果を生みます。

　特に、土地や有価証券に含み損があれば、思いきってそれを実現させることは、株式評価額の引き下げだけでなく、財務の健全化の観点からも効果的な方法です。会計上の簿価を適正な価額に修正することができるからです。例えば、遊休不動産などで多額の含み損がある場合には、売却して損失を顕在化させることが有効な手法となるでしょう。

第12章

自社株式の節税手段 (2)

～ 株特外し

・・・・・・・・・・・・・・・・・・・・・・・・・・・・・・・・・・

航空機による「株特外し」が大人気でした。なぜ特定会社を外すことが自社株評価の引き下げに効果があるのでしょうか。事業承継における活用法を説明しましょう。

特定会社を外して 類似業種比準価額方式を使う

　自社株式の評価において特定会社に該当すれば、純資産価額方式を 100% 適用することになるため、これに該当しない状態とし、一般の評価会社へ変更することが効果的な相続税対策となります。

　純資産価額方式が強制される特定会社には、株式等保有特定会社と土地保有特定会社があります。株式等保有特定会社とは、会社が有する株式等の合計額（相続税評価）が総資産額に占める割合が 50% 以上である会社をいいます。一方、土地保有特定会社とは、会社が有する土地の合計額（相続税評価）が総資産額に占める割合が、大会社の場合 70% 以上、中会社の場合 90% 以上、小会社の場合 70% または 90% 以上である会社をいいます。事業承継で問題となるのは、株式等保有特定会社のほうです（「株特（かぶとく）」と呼ばれます）。

　これらの特定会社に該当する状態を解消するためには、土地や株式等以外の資産を追加取得することによって、総資産額に占める土

地や株式等の割合を下げる必要があります。

　例えば、グループ会社同士の合併が考えられます。M&A によって他社から事業を買収し、事業用資産を一気に増加させることも有効な手法となるでしょう。よく銀行から提案を受ける資産は、リース用の航空機本体や航空機を所有する匿名組合出資です。

　グループ法人税制の適用（資産の譲渡損益が繰り延べ）を前提とするのであれば、子会社などグループ会社へ土地等や株式を譲渡してしまってもよいでしょう。逆にグループ会社から事業用資産を取得しても構いません。グループ全体の効率的な資産の配分という観点から、経済的な合理性を確保できるはずです。

　ただし、財産評価基本通達 189 によれば、株式評価前に合理的理由も無く資産構成の変動があり、それが株式等保有特定会社または土地保有特定会社に該当することを逃れることのみが目的だと認められた場合には、その変動がなかったものとして判定されると規定されているため、「株特外し」を実行する際には、先に経済的な合理性を検討しておかなければなりません。

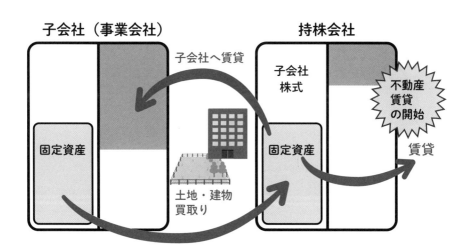

子会社（事業会社）　　　　　　　　　持株会社

子会社へ賃貸

子会社株式

固定資産　　　　　　　　　固定資産

土地・建物買取り

不動産賃貸の開始

賃貸

株式等保有特定会社から外すために 金融資産や不動産を購入

　株式等保有特定会社から外すのであれば、不動産（土地または建物）の購入が考えられます。さらに、土地保有特定会社から外すのであれば、土地の有効活用も兼ねて、大規模な建物を新築することが効果的です。

　最も簡単な方法として、銀行借り入れを行って、株式等以外の有価証券、例えば、債券や投資信託で運用すれば、株式等や土地の保有割合を簡単に低下させることができます。これらは金融機関が提案する方法ではありますが、慎重に考えなければ、租税回避行為とみなされるおそれがあるため、注意が必要でしょう。実態の伴う事業用資産を追加取得して、経済的な合理性を確保しなければなりません。

航空機による「株特外し」によって 類似業種比準価額を適用する

　コロナ禍で 2020 年の航空業界が大不況に陥ってしまいましたが、2019 年までは航空機を購入し、それを賃貸する取引（オペレーティング・リース）が大人気でした。投資対象としても航空機は比較的高い利回りを期待できるとともに、株式等保有特定会社に該当することを外すことができたからです。また、オペレーティング・リース取引は、先行して多額の減価償却費を計上することができるため、法人税の課税の繰り延べの手段としても効果的でした。航空機だけでなく、ヘリコプター、海上コンテナ、船舶を取得しても同様の効果を期待することができます。

　非常に大きな規模の資産であるため、単独で購入し直接所有するこ

とができなければ、匿名組合出資として細分化された小口投資を間接
所有する方法を取ることもあります。

【匿名組合出資による方法】

・匿名組合が投資家から出資を募ります。

　出資金と金融機関からの借り入れで、匿名組合は航空機
　等を購入します。

・購入した航空機等を航空会社に貸し出します。

・リース期間中は、賃貸収入が、匿名組合の収益となりま
　す。また、航空機等の原価償却費、銀行への支払利息が、
　匿名組合の費用（損金）となります。出資者は、毎期、
　匿名組合の損益の分配を受けます。

・リース期間終了後には、航空機を売却し、その売却代金
　を出資者へ分配します。

　直接所有、匿名組合出資のいずれにせよ、この契約の仕組みは、
リース収入は毎年定額である一方、リース資産に伴う減価償却費が定
率法によって計算され、かつ、リース期間よりも短い耐用年数にわ
たって費用配分されることから、リース期間の前半には必ず投資損益
が赤字となり、投資家に対して損失が分配される契約となっているこ
とです。それゆえ、初年度において数千万円、数億円単位の大きな損
失を取り込むことが可能となります。

　また、会社による航空機取得の結果として、事業用資産が総資産額
に占める割合が高まり、株式等保有特定会社から外すことができます。
航空機本体や航空機を所有する匿名組合への出資が、金融機関が提案
する「株特外し」の典型パターンとなっていました。航空機の購入資

金を融資する機会が生じるからです。

　しかしながら、コロナ禍によって航空業界が未曾有の大不況に陥っており、賃料の支払いが滞る航空会社だけでなく、破綻して支払い不能に陥る航空会社が出てきています。今後の動向次第ですが、航空機という投資用資産の回収が難しくなり、大きな損失を被る投資家も出てくるはずです。節税のための航空機による「株特外し」は、大きな投資リスクが伴っていたのが実態であったということなのです。

第13章

持株会社

～ なぜ銀行は持株会社化を勧めるのか？

銀 行が相続税対策の手段として盛んに提案する「持株会社化」
や「ホールディングス・資産管理会社の設立」という方法は
何を目的とするのでしょうか。本章では、**持株会社による相続税対
策の効果**を説明します。

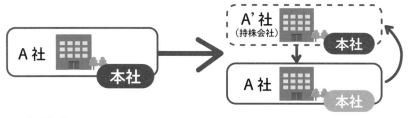

会社を2つに分けて 持株会社を作ろう

　中堅規模の会社を経営する方は、銀行から、相続対策としての
「持株会社化」を提案された経験があるはずです。なぜこのような
提案が来るのでしょうか。

　株式承継の方法として相続を選択した場合には、業績好調で黒字
が継続することによって、株式評価額が上昇し、相続税負担が増加
することが問題となります。

　実は、この持株会社化という対策は、自社株式の評価額の引き下
げるとともに、その上昇を抑制することができるメリットがあるのです。

　まず、自社株式の評価額の引き下げですが、もし会社が複数の事
業を営んでいるのであれば、高収益部門を子会社として独立させる
ことよって実現することができます。

この際、会社を 2 つに分ける組織再編を行います。2 つに分けることによって、オーナーが直接所有する会社には低収益部門だけが残るために、自社株式の相続税評価額を引き下げることができます。

持株会社化の 2 つの方法

持株会社化するために、会社を 2 つに分ける組織再編を行うには、2 種類のテクニックがあります。

1 つは会社分割による持株会社化、もう 1 つは株式移転による持株会社化です。

会社分割とは、会社の事業の全部または一部を、他の会社または新設する会社に承継させることにより、会社を分割する制度です。新設する場合には、完全子会社が既存の会社の完全子会社となって親子関係をつくることができます。

一方、株式移転とは、会社が、その発行するすべての株式を新たに設立する会社（持株会社）に移転させることをいいます。その結果として、完全親会社となる会社が新設され、そこに既存の会社が完全子会社となって親子関係をつくることができます。

いずれも親会社の下に子会社がぶら下がる体制ができあがります。

持株会社化の方法

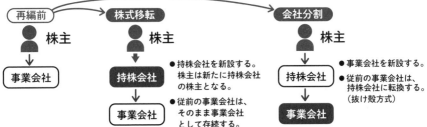

会社を複数持っているオーナーは
親子関係を作ろう

　一方、会社分割以外にもテクニックがあります。すでに2社以上のグループ会社を所有しているオーナーの方には、既存の兄弟会社をくっつけて親子関係にする方法があります。この際、株式交換というテクニックを使い、一方の会社をもう一方の会社の100%子会社化としてしまいます。結果として、持株会社体制が実現できるわけです。

　ここで、どちらを親会社にするかが重要なポイントです。低収益で株式評価額の低い会社を親会社にしましょう。高収益で株式評価額の高い会社をその100%子会社とすることによって、オーナー個人が直接所有する自社株式の評価額を引き下げることが可能となります。

　結局、オーナー個人が直接持っている株式の評価額が高いかどうかがポイントなのです。子会社株式の評価額は間接的に影響あるとしても、その影響は小さくなります。

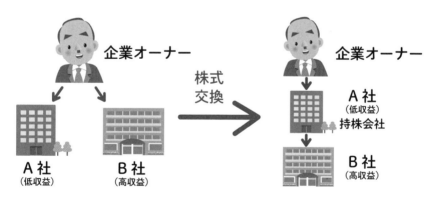

親子会社を作ると
将来の相続税負担が軽くなる

　持株会社化することによって、もう1つのメリットを享受することができます。それは、保有する子会社株式の評価額が高まったとし

ても、その評価額の上昇を抑える効果です。持株会社体制（親会社と子会社という 2 社の体制）を作った後、自動的にその効果が発揮されます。

これは、税法上の株式評価の計算において、子会社株式に係る含み益の 37％ が、親会社の株式評価（純資産価額）から減額されることになるからです。

会社の株式を直接保有する場合、その会社が利益を蓄積することによって生じる「含み益」は、すべて株式評価額に反映されます。しかし、持株会社を通じて間接保有する場合、持株会社の貸借対照表の 1 つの資産（子会社株式）という位置づけとなります。その資産に発生した「含み益」は、それが実現したときに法人税等が課されることを想定し、その税金相当額として含み益の 37％ が控除されるのです。したがって、会社が利益を計上し続けたとしても、将来の自社株式の相続税評価額の上昇を抑える効果が生じるのです。

以上のように、持株会社化には、株式評価額の引き下げという短期

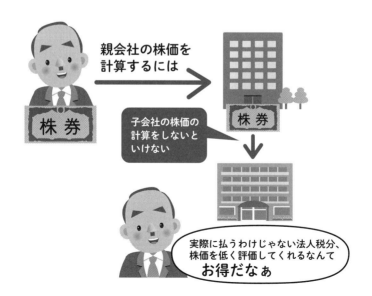

親会社の株価を
計算するには

子会社の株価の
計算をしないと
いけない

実際に払うわけじゃない法人税分、
株価を低く評価してくれるなんて
お得だなぁ

的な効果だけでなく、株式評価額の上昇の抑制という長期的な効果があります。長期的な効果を享受することだけを考えれば、評価対象となる持株会社の株式の生前贈与は行わず、それを相続発生時まで保有し続ける方法でも構わないということになります。

株式等保有特定会社に該当しないように

　いずれの方法を使っても、持株会社化した結果として、親会社のほうが「株式等保有特定会社」に該当しないように注意しなければいけません。株式等保有特定会社は、通称「株特（かぶとく）」と呼ばれ、親会社の総資産に占める子会社株式の割合が 50% 以上をいいます。

　これに該当しますと、親会社の株式評価額を割高に計算することになっています。なぜなら、類似業種比準価額が使うことができず、純資産価額だけを使うことになるからです。詳しい計算方法の説明は省略しますが、割高な評価になるとご理解ください。

　そこで、株式等保有特定会社に該当する状態から外す方法を検討することになります。これが「株特外し」です。

　例えば、不動産を購入したり、投資信託を購入したりすることで、株式以外の資産を増やすことを考えます。子会社が持つ不動産を親会社へ移転し、それを子会社に賃貸することも効果があるでしょう、人事・総務・経営企画などの管理部門に係る資産および負債を持株会社に帰属させるなどの組織再編を行うのです。それによって、親会社の株式評価額の引き下げが可能となります。

資産管理会社のバランスシート
株特外し

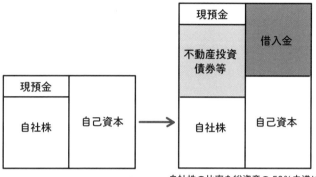

自社株の比率を総資産の 50％未満に

組織再編は税務リスクが高い

　会社を 2 つに分けてしまうような組織再編は、会社にとって重大なイベントであり、法人税だけでなく、オーナー個人の所得税や相続税への影響額も大きなものです。これは失敗が許されない難しい分野です。ぜひ顧問税理士にご相談され、税務リスクを軽減できる方法を採用し、効果的な相続対策を実施してください。

第14章

自社株買い

～ 後継者に納税資金が無いときは
　 自社株買いで現金化を

自社株の贈与や相続には、大きな税負担が伴います。後継者に納税資金があるとはかぎりません。納税資金が無いとき、会社がどのように資金を提供することができるのでしょうか。本章では、自社株式の買い取りを説明します。

お金がない！

相続税を支払う
納税資金が無いときどうする？

　会社の経営者の方々には、意外と質素倹約される方が多く、事業で儲けたお金を会社にためておき、役員報酬をあまり取らない方がいます。

　実は、儲かる会社の経営者は、それなりに高額の報酬を取らないと、後から困った事態が発生するのです。

　会社が利益を獲得すると、貸借対照表の純資産が増加し、自社株式の相続税評価額が高まります。その一方で役員報酬を抑えていますと、個人の手元現金は増えていきません。現金は増えないけれども、株価は上昇を続ける、そんな状況になります。

　一方、会社には事業承継というイベントがやってきます。現経営者が生きているうちに後継者へ自社株式を贈与することもあれば、相続のタイミングで自社株式を相続することもあるでしょう。

　いずれにせよ、事業承継の基本は、現経営者の所有する自社株式を後継者に渡してあげることです。子供が複数いる場合、後継者ではない子供たちに自社株式をバラまくのは好ましくありません。会社経営を担う後継者である子供に、支配権を確保させるに足る十分な自社株式を取得させてあげましょう。

　もちろん、相続というイベントは平等な遺産分割を求められますので、他の子供たちに対して自社株式以外の財産を承継させことも考えなければいけません。不動産や銀行預金などでしょう。

後継者である子供には
現金が相続されない

　後継者である子供に自社株式を、後継者ではない子供たちに不動産や銀行預金を相続させるとしましょう。

　非上場企業の自社株式には換金性がありません。しかし、株式評価額が高いとすれば、相続税の納税に多額の現金を必要とします。株式評価額が高ければ高いほどより多くの現金が必要となります。後継者に手元現金が無いとすれば、どうすればよいでしょうか。

　後継者の資金調達方法としては、会社から先代経営者の死亡退職金を受け取る方法、会社から借り入れを行う方法と、自社株式を会社に売却する方法の3つがあります。

　非上場株式は、上場株式のように証券取引所で売却して現金化できるものでなく、また、現金の代わりに物納するにも不適格な資産であるため、納税に使うことができません。それゆえ、会社に貯め込んでいる現金を個人が吸い上げるしかないのです。

　この方法として、会社が後継者に資金を貸し付けても構いません。しかし、後継者が個人で返済する見通しが立ちませんから、そのような貸借関係を作りたくはないでしょう。

　死亡退職金を支給する社内規定があれば、それを活用すればよいでしょう。先代経営者の死亡退職金を後継者の納税資金に充当するのです。死亡退職金で死亡後3年以内に支払いが確定したものは、相続財産とみなして相続税の課税対象とされますが、「500万円×法定相続人の数」という非課税枠があるため、税務上有利な取り扱いがあります。ただし、役員退職金には会社の損金算入限度額があるため、無制限に高額の退職金を支給できるわけではありません。

　そこで、会社に対して自社株式を売却すること、逆から見れば、会社が自己株式を取得すること、いわゆる「金庫株」を活用するのです。

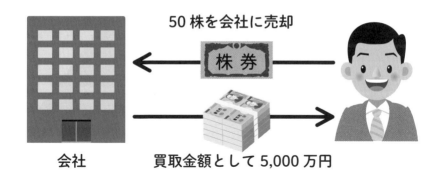

50 株を会社に売却

株 券

会社　　　　買取金額として 5,000 万円

自社株式の買い取りは 相続のタイミングがよい

　通常、自社株式を会社に譲渡した場合には、資本金等の額を超える部分（＝譲渡価額 - 資本金等の金額）については、「みなし配当」として総合課税され、所得税等の負担が重くなります。すなわち、配当所得となる「みなし配当」には最高税率 55%（配当控除適用後48.6%）が適用されます。

　しかし、**相続のタイミングで自社株式を会社へ譲渡するならば、税務上有利な特例の適用があるのです**。

　すなわち、相続によって取得した自社株式を 3 年以内に会社へ譲渡すれば、申告分離課税による税率 20% で済ませることができるのです。ここでは「みなし配当」による総合課税の適用はなく、所得税等の負担が軽くなります。

　加えて、もう 1 つ有利な特例の適用があります。取得費加算の特例というものです。

　相続のタイミングで自社株式を譲渡する場合、相続税の課税価格に対応する相続税額を譲渡所得の取得費に加算することができるのです。

その結果、加算した分だけ譲渡益が小さくなるため（譲渡所得が小さくなるため）、所得税等の負担は軽くなります。

　このように、相続発生時における自社株式の会社への譲渡は、税率の低減と所得の減額という2つの特例によって、税務上有利な取り扱いとなっているのです。相続税の納税資金が足りない場合には、この方法を積極的に活用すべきでしょう。

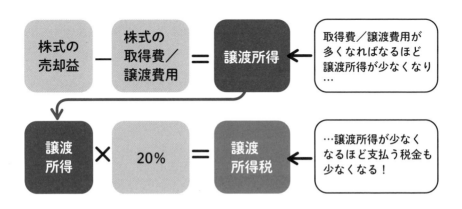

会社に納税資金を貯めるには どうしておくべきか

　死亡退職金に支払うにせよ、自社株式の買い取りを行うにせよ、会社側では、その支払いのための財源が必要で、その資金を準備する必要があります。

　そのような資金を貯める手段として効果的なのは、会社を契約者、経営者を被保険者、会社を受取人とする法人契約の生命保険です。経営者が死亡した際に、死亡保険金を受け取るために、生命保険に加入しておくということです。会社に入ってくる死亡保険金を原資として、死亡退職金を支払ったり、自社株式を買い取ったりすることができます。

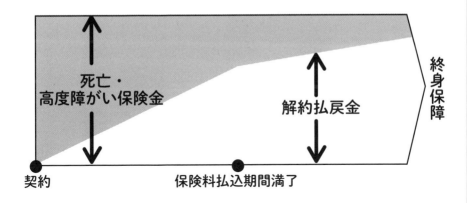

死亡・
高度障がい保険金

解約払戻金

終身保障

契約　　　　　　　　保険料払込期間満了

自社株式の買い取りの注意点

　税務上有利になる自社株式の買い取りですが、注意点もあります。ここで注意しなければならないのは、会社が自社株式を買い取ることによって、株主の議決権割合が変化することです。

　会社が自社株式を買い取った結果として、会社が自己株式を所有することになります。つまり、後継者の議決権が少なくなります。せっかく支配権を確保した後継者の議決権が低下し、少数株主の議決権割合を高めてしまうこととなります。

　また、会社自身の資金繰りに十分配慮することにも注意が必要です。自社株買いによって会社から多額の資金が流出します。事業承継を行う際には、オーナー交代による一時的な信用力の低下も発生することでしょう。これらに起因して会社のキャッシュ・フローが悪化することもあるため、十分注意しなければなりません。

第15章

経営承継とは

~ 元気な経営者ほど
　事業承継が難しいのはなぜ？

事業承継とは、株式の相続やM&Aの問題だと思われる方が多
いですが、企業経営を次の経営者に引き継ぐことも問題です。
これを経営承継といいます。こでは経営承継について考えましょう。

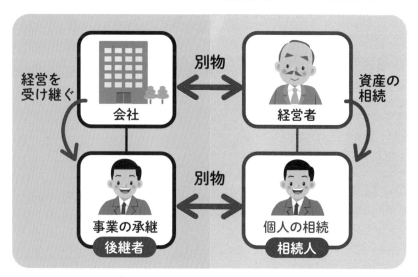

企業経営を将来も存続させるには
どうすべきか？

　事業承継は、会社の支配権を次の経営者に引き継ぐことですので、
確かに株式の承継（相続やM&A）は重要な問題です。

　しかし、事業承継の「事業」つまり企業経営の承継も意外と難し

い手続きとなり、それが問題となることがあります。

　事業承継を行うような老舗企業は、昔からの経営環境が大きく変化する局面に直面していることでしょう。このような変化に応じて、事業内容を変えていくことも必要とされます。

　赤字になっていると後継者は承継しようとは思わないはずです。将来の黒字を確保できるよう、継続的な付加価値の提供が可能となる状態を取り戻さなければいけません。

　そのためには、**これまで築いてきたビジネス・モデルやのれん、顧客関係、ブランドを承継することはもちろん、新しい時代に適応できる商品開発力、技術力、新しいビジネス・モデルが必要となります。**

　これら目に見えない経営資源のことを、「無形資産」といいます。事業承継には、この無形資産の明確化が必要となるのです。

　無形資産を正しく認識することができれば、事業承継は半分成功したようなものです。しかし、無形資産は、現経営者や従業員の頭の中に入っている見えないものです。技術、ノウハウ、顧客関係など無形資産は、人から人へ伝達しなければいけません。コミュニケーションを通じた情報共有が必要でしょう。それによって、**これら無形資産を後継者に移転することが、経営承継の目的となります。**

ヒトの承継	資産の承継		
後継者	事業用資産（設備・不動産等） 資金（株式・運転資金等）	物 金	個人の財産
目に見えにくい経営資源の承継			
●経営理念　　●ノウハウ　　　　　　●顧客情報 ●社長の持つ信用　●熟練工の持つ匠の技　●許可・認可・認証 ●営業秘密　　●得意先担当者の人脈			知的資産

無理に子供に承継させる必要はない

　ある製造業の会社にとって、高い技術力が最大の無形資産となっているとしましょう。それを容易に承継することができるでしょうか。

　その技術がマニュアル化されている場合には、そのマニュアルを渡してあげれば承継できます。しかし、技術を持つのが経営者個人や従業員である場合には、目に見えないため、承継することは難しいものでしょう。

　もし経営者や従業員が突然の病気で引退してしまった場合はどうすればいいでしょうか。技術を承継できる者がいないため、無形資産を維持することができず、会社の存続が難しくなってしまいます。

後継者どうしよう?

　一般的に、無形資産が経営者や従業員の個人的能力に依存している場合には、経営承継に時間を要するといわれています。そのような場合、無形資産をマニュアルなどに明文化したり、OJT で人から人へ承継したりするなど、組織的に承継する手続きが必要となります。後継者には無形資産の習得のために時間をかけて教育する必要があります。

　無形資産を維持するための仕組みの構築はとても難しいものです。後継者と想定していた子供が、これら無形資産を承継することができないと判断された場合、M&A を検討すべきケースもあるでしょう。後継者に無理させるよりも、第三者に承継してもらうほうがよいケースがあるのです。

経営者のワンマン経営から組織的な経営へ移行しよう

　オーナー企業の場合、技術、ノウハウ、営業力、顧客関係などの無形資産が、従業員ではなく経営者個人に帰属しているケースがほとんどです。

　しかし、偉大な経営者個人に集中していた無形資産を、子供や従業員が承継することは、経営者としての能力という点において難しい問題となります。

　そこで、このような個人への一極集中の状況を変えて、組織全体での共有という状況を作らなければいけません。つまり、経営者によるワンマン経営から、組織的な経営体制に移行する必要があるのです。経営承継にはこれが不可欠となります。

　すなわち、経営者個人が行っていた仕事を従業員へ権限移譲し、無形資産を組織全体で共有できる仕組みを作ることが必要です。無形資

産を分散して共有しなければいけません。経営の組織的分化および事務分掌の明確化によって、経営者個人への依存度を低くすることが必要となります。

　注意すべき点は、組織的な経営体制に移行すると、権限が分散し、経営者が引っ張ってきた求心力が低下してしまうおそれがあることです。そこで、新たな求心力となりうるメンタル面での指針、すなわち「経営理念」を確立し浸透させなければなりません。

経営承継には早めの対策が必要

　後継者の選定には、現経営者の引退の時期が関連しています。仮に現在 65 歳で、70 歳に引退すると決めますと、それまでに後継者の問題を解決し、後継者に経営を承継しなくてはなりません。つまり、5 年の猶予しか残されていないということです。

　経営承継の時期は、現経営者の体力や健康状態を考慮に入れつつ、後継者教育に必要な時間を勘案して決めるべきでしょう。経営承継を

行うと決めたならば、社内への公表や取引先企業及および金融機関
への告知時期も検討することが必要となります。

　具体的には、現経営者の意向と健康状態に応じて、経営承継の時
期を決めましょう。いつまでも元気で精力的に働くことができる自
信があったとしても、肉体的・精神的な老化現象は避けられないこ
とです。

　**現経営者としては、いつまでも自分のやり方で経営を続けたいと
思うかもしれませんが、老化による不適切な経営判断が企業経営に
及ぼす弊害も無視できません。元気なうちに引退しておいたほうが
安全だというケースがあります。後継者へ計画的に経営承継を行っ
ていく必要があります。**

　また、現経営者が引退を決意した場合、役職員や関係者が心理的、
物理的にその決定を受け入れるかどうかが問題となりますが、周囲
の人たちは何の説明を受けていない状況のまま突然の相続が発生す
るような事態が最悪です。会社の支配権争いやクーデターが起きる
ケースがあります。現経営者が元気なうちに関係者への周知を図り、
理解を得ることが必要なのです。

第16章

後継者を誰に

～ 会社を誰に継がせるか？

企業経営者にとって、経営者の仕事は自分の人生そのものであったはずです。ご自身の引退後、誰が後継者として最適でしょうか。

親心として当然！
かわいい子供への事業承継が基本

　中小企業の経営者は、会社のオーナー（大株主）であることが多く、経営者を交代するときは、会社の支配権である株式を渡すことになります。経営者交代と株式承継、これら2つを同時に行うことになるのです。

　事業承継ガイドラインなどでも説明されているように、一般的に、

事業承継では3つの後継者が考えられます。親族内承継、従業員承継および第三者承継です。今回は、税理士である筆者が実務で直面する4つのケースを具体例として挙げてみましょう。

　第一は、事業承継である子供を後継者にすることです（親族内承継）。子供を経営者にするともに、子供に株式を承継します。これは、経営者が心情的に望んでいる将来像であり、法人（会社）と個人財産が一体化している中小企業にとって、最も自然な事業承継です。

　この場合、後継者をどのように教育するか、自社株式を分散させずに後継者に集中させることができるか、納税資金を確保することができるかが課題となります。子供に株式を渡す方法は、贈与または相続となるため、税金がかかりますが、事業承継税制を使えば税金ゼロで大丈夫です。

　もちろん、子供が企業経営者になることを望まない場合、親族内承継を実現することはできません。近年は、子供が親と別のキャリアへ進むことを望むため、親の経営する事業を承継しないケースが増えてきています。これが、後継者難の問題が生じる原因の1つです。

僕が継ぐよ

意外と多い「所有と経営の分離」

　第二に、従業員を後継者としながらも、株式は子供に承継させる選択肢です。これは、従業員承継において見られる特殊な事業承継で、「所有と経営の分離」と呼ばれます。事業と株式を渡す相手が異なるのです。

　このような状況が発生する理由は2つあります。1つは、後継者と想定していた子供に経営者としての能力と経験が不足しているため、一時的なリリーフとして従業員に任せようとするものです。すなわち、孫がいれば、その孫が将来的に経営者になってくれることを期待しつつ、事業承継を一世代飛ばそうと考え、一時的な従業員承継によってそれまでの時間稼ぎをするのです。

　もう１つは、子供がいない、子供が継ぐことができないなど、従業員を後継者にするしかないものの、従業員に株式を買い取るお金が無いケースです。経営者は、後継者である従業員を経営者にすれば、それで事業承継は完了だと考え、株式を自ら所有したまま放置してしまいます。結果として、経営者はそのまま相続を迎え、子供たちが株式を相続することとなります。

　いずれにしても、経営者の子供が大株主となってしまい、企業経営は第三者である従業員に委ねる分離体制となります。

　実は、このように所有と経営を分離することは危険です。なぜなら、後継者である従業員は、株式を所有しないために（場合によっては、借入金の個人保証も行わないため）、自ら失うものがなく、大きなリターンを狙って大胆な投資を行うなど、無茶な経営を行う傾向にあるからです。結果として、従業員が経営者の時代に業績が悪化し、経営が行き詰まるケースが多く見られます。

これからの主流は 事業の第三者承継と不動産の相続

　第三は、子供も従業員も継がないため、第三者を後継者とせざるを得ないケースです。この場合、株式は有償の譲渡となり、現金化されることとなります。経営者が譲渡代金として受け取った現金は、将来の相続財産となって子供へ承継されることになります。

　これには、従業員承継において有償譲渡する場合（MBO）、同業他社など第三者へ譲渡する場合（M&A）の２つがあります。M&Aの場合、経営者は多額の現金を獲得することになりますので、企業経営者から金融資産家へ転身することになるわけです。

　もちろん、中小企業のすべての事業が価値のある経営資源を有して

いるわけではありません。また、事業に価値があっても、それを上回る債務（借入金）が足かせとなることもあります。事業承継したいと希望しても、それを承継してくれる第三者が必ず見つかるわけではないのです。

　特に、その事業が、経営者個人の経営力（営業力、技術力、リーダーシップなど）に依存する場合、それを他人に移転することが容易ではありません。経営力は目に見えるものではなく、属人的なものだからです。

　それでも、第三者承継は、後継者難の問題が深刻化している現在、中心となる選択肢です。その理由は、中小企業が単独で生き残るべきか否かという問題と関連しています。

　近年、中小企業の低い生産性が問題となっています。従業員に支払う給与水準を上げることができません。このような状態で、中小企業を単独で存続させて、若い後継者に経営させても、事業が成長することは困難です。そうであれば、経営力の高い大企業に事業を任せるほうがよいのです。大企業は、IT 投資できる資金力と、高い生産性の事業を持っているからです。M&A でも事業を高く買い取ってくれることでしょう。

　結果として、経営者は多額の現金を受け取ることができます。また、大企業に統合されることで、事業の生産性が向上して給与水準が上がり、従業員もハッピーです。

　第三者に承継すると言っても、法人（会社）を丸ごと承継させる必要はありません。借入金の承継は拒否されることがほとんどでしょう。その場合、必要最低限の経営資源だけを譲渡すればよいのです。残された不動産や現金などは経営者が所有し続け、不動産の賃貸経営でも行えばよいでしょう。後継者教育も必要ありません。子供への相続も容易になります。

今後の事業承継は、事業を第三者に承継し、残った不動産を子供に相続する、このパターンが主流になると考えられます。

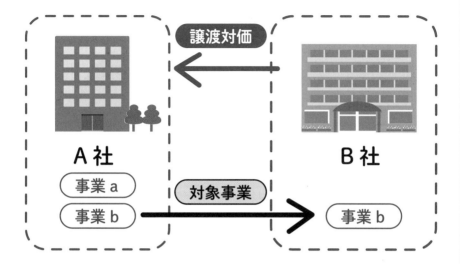

第17章

後継者の決意と覚悟

~ 後継者である子供に求められる
　決意と覚悟とは？

・・・・・・・・・・・・・・・・・・・・・・・・・・・・・・・・・

事業承継を行う現経営者が最初に考える後継者は、自分の子供
でしょう。しかし、**子供に後継者になる決意と覚悟があるか**
どうか、必ず確かめておきましょう。

子供を後継者とすべきかどうか悩む

　企業経営者の事業承継において、極めて重要な論点は、「後継者
を誰にするか」ということでしょう。経営者も父親ですから、当然
に「息子（娘）に継いでほしい」と思うはずです。

　親族である息子（娘）を後継者とするならば、経営者としての資

質や能力のほか、経営を引き継ぐ覚悟のある子供を選定することが重要です。長男と次男では性格が大きく異なるケースが多く見られます。

　また、自社の経営状況等を踏まえ、「本当に子供を後継者としてよいのか」を考える必要があります。経営環境の変化が激しい現在、その激しさに立ち向かうことになるのです。難しい経営を任された後継者は、辛い思いをすることになるのです。M&A で第三者承継することも選択肢に入れて、後継者を考える必要もあるでしょう。

　さらに、後継者と決めた子供に各種の経営実務能力があるか、これから後継者教育を提供することができるかどうか、検討しなければいけません。

覚悟を決めろ。

後継者に求められる能力

　現経営者の事業を承継するために後継者に求められる能力は、主としてリーダーシップ（人望）と、マネジメント（経営手腕）です。一般的に必要とされる後継者の適性には、次のようなものがあります。

　第一に、従業員に対するリーダーシップを発揮できることです。経営を承継するためには、従業員の意欲の向上を図り、強いリーダーシップを発揮する必要があります。

　若い経営者に代わったことで、従業員に不安が生じます。自分の生活が維持できるのか、新しい経営者の経営手腕はどうか、上司としての人間性はどうか等、従業員の不安は多岐にわたります。これらの不安を短い期間に解消するためには、後継者の強いリーダーシップが要求されます。経営理念を掲げ、経営者個人の求心力を、チーム全体の求心力へと切り替える手法も効果的でしょう。

　そのようなリーダーシップを発揮するためには、後継者が企業経営に対して熱意と会社の将来を展望できる事業計画を持ち、将来にわたって従業員の生活を安定させ得ることを示さなければなりません。

　第二に、金融機関との関係を良好に維持する能力を持っていることです。事業の継続、発展のためには、資金調達が不可欠であり、そのためにも金融機関との関係が非常に重要なこととなります。それゆえ、後継者は、経営目標を明確化するとともにしっかりした事業計画を立案し、それらを金融機関に説明しなければいけません。金融機関とのコミュニケーションや人脈作りに努力することが必要となります。

　第三に、取引先との関係を良好に維持する能力です。従業員が不安を感じるのと同じく、若い経営者が経営者となることに対して、取引先も不安を感じるはずです。後継者はそのことを認識し、承継する前の状況をよく理解し、取引先と良好な人間関係を築くことが重要です。

　取引先とこれまで以上に良好な関係を維持できるように、積極的に

コミュニケーションを取ることが必要になるでしょう。社交性が求められます。特に、重要な取引先に対しては、後継者候補が経営者に就く前に、数年間にわたって修行させてもらうことも効果的な手法となるでしょう。

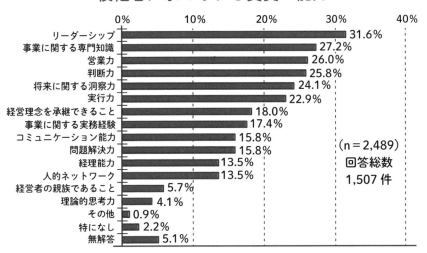

【アンケート結果】
後継者に求められる資質・能力

項目	割合
リーダーシップ	31.6%
事業に関する専門知識	27.2%
営業力	26.0%
判断力	25.8%
将来に関する洞察力	24.1%
実行力	22.9%
経営理念を承継できること	18.0%
事業に関する実務経験	17.4%
コミュニケーション能力	15.8%
問題解決力	15.8%
経理能力	13.5%
人的ネットワーク	13.5%
経営者の親族であること	5.7%
理論的思考力	4.1%
その他	0.9%
特になし	2.2%
無解答	5.1%

(n＝2,489)
回答総数
1,507 件

出典：「平成 23 年 3 月事業承継実態調査報告書」独立行政法人中小企業基盤整備機構

後継者のキャリア選択の問題

　現経営者が子供を後継者にしたいと思っても、子供には独自の人格があります。無理やり経営者をやらせることはできません。つまり、子供に、「親が始めた事業（会社）の後継者になる」というキャリア選択を行わせる必要があるのです。

　子供には、複数の選択肢があります。サラリーマンとして生きていく、弁護士や医者など専門家として生きていく、自ら新しい事業を創業し、ベンチャー事業を経営するなどの選択肢です。

　それゆえ、親族内承継で重要なことは、後継者が、父親の事業（会社）を承継するという決意を固め、その事業に伴う債務やリスクまで自ら責任を引き受ける覚悟ができているかを確かめることです。

　一般的に、現経営者の子供は、幼少の時期から企業経営者である父親の背中を見て育ってきているため、自分が経営者となり、親の事業を引き継ぐことは当然だと思い込んでいるケースが多いようです。それゆえ、親族内承継の後継者となる決意を固めることは、それほど難しくはありません。

　しかし、引き継ぐ事業が、後継者にとって本当にやりたい仕事であるかどうかが問題となります。後継者になると決めた場合であっても、後継者の抱く思いや価値観は、現経営者とは異なっていて当然ですから、嫌いな仕事を承継することになると、将来的に後悔することになるかもしれません。その場合、事業承継を行ったとしても、現経営者とは異なる新たな経営理念を掲げ、後継者が「本当にやりたい仕事」へと事業を再構築していくことができるかどうか、検討することが不可欠でしょう。

　ただし、現経営者の子供であるため、子供は相続において有利な立場にあります。すなわち、税負担はあるものの、子供は自社株式を無償で受け取ることができます（生前贈与や相続）。加えて、税負担が

軽減される制度（経営承継円滑化法の納税猶予制度）があり、場合によっては、事業承継のための資金を一切用意せずとも、価値ある自社株式を取得することができます。

幼少期

学生時代

現在の仕事

キャリア選択

これからのキャリア

第18章

経営者の引退決意

~ 経営者が引退を決意するときに
　考えておくべきこと

・・・・・・・・・・・・・・・・・・・・・・・・・・・・・・・・・・・

事業承継とは、株式を子供に承継すれば完了というものではありません。経営者としての考え方やノウハウなど**無形資産**を後継者に伝えなければならないのです。

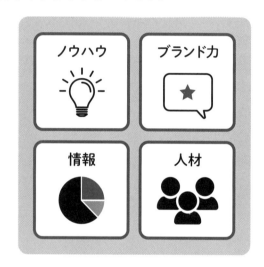

現経営者が引退を決意するタイミング

　親族内の事業承継において、子供を後継者として指名することは、現経営者にとって最も重要な仕事の1つですが、親子という近い関係であるがゆえに、先延ばしになってしまう傾向があります。

　後継者の決定には、現経営者の引退の時期が関連しています。仮に、現経営者が現在65歳であり、70歳に引退しようと決意する

とすれば、70歳になるまでに、後継者を一人前の経営者に育て、会社の経営資源をすべて承継しなくてはなりません。このような大きな仕事に、わずか5年の猶予しか残されていないということです。

　一般的に事業承継の時期は、現経営者の体力や健康状態を考慮に入れつつ、後継者の経営者としての育成状況を勘案して決めるべきでしょう。子供を後継者にすると決めたならば、経営者交代の時期を定め、社内への公表や取引先企業および金融機関への告知することが必要となります。

　現経営者がいくら精力的に働いてきたと言っても、肉体的・精神的な老化現象は避けられないことです。いつまでも自分のやり方で経営を続けたいと思うかもしれませんが、老化による不適切な経営判断が企業経営に及ぼす弊害も無視できません。現経営者は、元気なうちに自ら引退時期を決めなければならないのです。

　現経営者が病気で倒れてしまうなど、重大な健康上の問題が生じ、それが会社全体に悪影響及ぼし、場合によっては倒産してしまうなどの事態に陥る前に、後継者への事業承継は計画的に進めていく必要があるでしょう。

【事業承継スケジュール例】

	項目	現在	1年目	2年目	3年目	4年目	5年目	6年目	7年目
社長	年齢	63歳	64歳	65歳	66歳	67歳	68歳	69歳	70歳
	役職	社長 →→→→→→→→							
後継者	年齢	33歳	34歳	35歳	36歳	37歳	38歳	39歳	40歳
	役職・ポジション	従業員	取締役 →		常務 →		専務 →		社長
		営業部	経理部	経理部長	経営企画室長 →				
	社外教育		後継者塾		経営革新勉強会		社長力養成講座		

事業戦略を考えておきたい

　現経営者が事業承継する決意が固まったとしても、事業そのものが今後も存続し成長できなければ、後継者が仕事を続けることができません。会社の事業性を評価し、今後の事業戦略を検討しておく必要があります。

　この点、将来の事業戦略は後継者によって推進されるものですから、現経営者は後継者とともに考えていかなければいけません。後継者教育においても将来の事業戦略の立案が最も重要な課題となります。

　次に、事業戦略が固まった後は、それを推進する経営管理体制を考えなければいけません。現経営者が引退を決意し、後継者を決めた場合、役職員や会社関係者が心理的、物理的にその決定をスムーズに受け入れるかどうかが問題となります。この点については、現経営者が関係者へ説明を行う過程において、ある程度は解決することができます。

　重要なことは、事前に関係者への周知を図ることが必要だということなのです。現経営者が独断的に決定して周辺の反感をかってしまうこともあります。何の説明がない状況のまま突然の相続発生によってパニックに陥ってしまうこともあります。後継者が決まったら、真っ先に周囲の賛同を得るようにし、後継者をサポートする体制を固めましょう。

現経営者の「想い」を後継者へ伝える

　オーナー企業では、現経営者がカリスマ性を持っており、強いリーダーシップを発揮して経営を行っています。後継者がこれを乗り越えることは容易ではありません。そこで、**現経営者は、経営者としての考え方を後継者に伝えておく必要があります。**

　伝えるべきことは、第一に、**現経営者の経営理念**です。これは、現経営者の経営に対する想いや価値観・信条といった経営理念を、後継者が受け継ぐことを意味しています。

　株式や事業用資産など有形の財産を後継者が引き継いだとしても、経営の姿勢や基本的な経営のあり方など、無形の経営資源を承継しなければ、真の意味での事業承継とはなりません。現経営者は、早い段階において、後継者と対話を行い、自社の経営理念を明確に伝えなければならないのです。

　第二に、**現経営者の経営ノウハウ**です。オーナー企業の経営者は、強力なリーダーシップを発揮しながら自社の経営を行うとともに、様々な利害関係者と関係を有する組織体の責任者です。後継者は、経営者として必要な業務知識や経験、人脈、リーダーシップなどの能力、ノウハウを習得することが求められます。それゆえ、現経営者は、早い時期において、後継者教育を実施し、経営ノウハウを教え込まなけ

ればなりません。

　第三に、自社の従業員との人間関係です。現経営者の引退の時期においては、それを補佐する役員や幹部従業員も高齢化しており、定年退職の時期が近づいているはずです。現経営者は、将来の役員候補や幹部社員の候補者を選び出し、次世代の経営者を補佐する人材の世代交代を行うことが必要です。

後継者が決意できなければ
第三者承継を考える

　従来の中小企業経営者は、親族内承継が基本だと考えてきました。しかし、事業性が低下してしまった事業を後継者は引き継ごうと想いません。既存事業の収益性が悪化して回復する見込みが無く、借入金負担が重いような場合、いくら現経営者の子供であっても承継する覚悟はできません。子供が他の企業でサラリーマンとして働くことを望むケースもあるでしょう。このため、現在、中小企業の半数は後継者

不在だと言われることもあります。

　このような場合、親族内承継をあきらめて、第三者承継を考える
しかありません。子供が承継しないのであれば、従業員も承継でき
ないでしょう。しかし、シナジー効果（収益拡大、コスト削減など、
事業を統合することによって発生する相乗効果）を発揮することが
できる第三者であれば承継することが可能となります。そのような
場合、第三者承継（M&A）を行うことが最適な選択肢となるはず
です。親族内承継にとらわれず、M&A も検討してみましょう。

シナジー効果の例

売上増加

- 販路の拡大（顧客獲得）
- クロスセルやアップセル
- 取扱商品・サービスの拡充
- ブランド力の向上

コスト削減

- 生産拠点の統廃合
- 価格交渉力の強化
- 技術等の共有による
  業務効率化
- 物流網の最適化

事業を拡充・成長させたい買い手 ＋ 事業を承継してほしい売り手 ＝ M&A 再編・統合による生産性向上

第19章

生命保険の活用

～ 経営者の相続対策に生命保険は役立つのか

規模の大きな不動産は、相続のときに容易に分割できるものではありません。本章では、生命保険を活用して上手に遺産分割する方法を考えてみましょう。

分割・納税・節税の 3つに効果がある生命保険

相続生前対策には3つの柱があります。①円満な遺産分割、②納税資金の確保、③相続税負担の軽減です。相続対策は、この順序で

検討しなければなりません。

　しかし、実務の現場では、相続生前対策を何も行わずに、相続発生を迎えてしまっているケースがほとんどのようです。

　相続には様々な問題が発生しますが、相続発生後では問題解決が手遅れになるケースがあります。発生可能性のある問題点を生前に把握してしておくことができれば、トラブルを回避することができたはずです。

　「そうは言っても、相続対策など何から始めたらよいか、わからない」という方々に、手っ取り早く実行できる相続対策をお教えしたいと思います。

　実は、ここで示した**相続生前対策の 3 つの柱すべてに効果が出る手段があります。それが生命保険です。**

　第一に、**生命保険は遺産分割対策に有効です。**生命保険には、死亡保険金の受取人を指定することができる機能があります。受取人が指定されると、死亡保険金は受取人固有の財産となり、遺産分割協議の対象から外すことができます。

　例えば、不動産は長男が相続するかわり、次男にはしっかり現金を残してあげたいという場合に有効です。死亡保険金の受取人を長男に指定し、長男から次男へ代償金を支払うことで、確実に次男へ現金を渡すことができます。

　また、不動産や事業用資産に比べて、生命保険は分割しやすい資産です。受取人を複数指定したり、途中で受取人を変更したりすることも可能です。

　第二に、**生命保険は納税資金対策に有効です。**生命保険には、相続発生時にすぐ現金化できるメリットがあります。相続が起こると、必要になるお金は相続税だけでなく、葬式費用や不動産の名義変更のための費用など、多岐に渡ります。しかし、相続が開始すると、被相続人名義の銀行口座は凍結されますので、必要な資金をどこから持って

くるかが問題となります。この点、現金を即座に手に入することができる生命保険が役に立つのです。

　また、終身保険であれば、生命保険は一種の金融商品です。金融商品への投資として見れば、生命保険は、契約した瞬間に満期の金額が確定されるという特徴があります。現金預金や他の金融商品であればコツコツと貯めなければいけません。

　第三に、**生命保険は相続税対策に有効です**。生命保険には、死亡保険金の非課税枠を活用して相続財産を圧縮できるメリットがあります。死亡保険金は、民法上の相続財産に含まれませんが、相続税の課税対象となります。この点、死亡保険金には、「相続人の数 × 500 万円」を非課税枠として相続財産から控除することが認められています。この非課税枠を活用しない手はありません。

相続税対策の優先順位

もめない	準備できてる？	税金減らせない？
遺産分割 対策	**納税資金 対策**	**相続税 対策**
円満にトラブルなく相続をする為の対策	相続税納税資金に困らない為の対策	相続税額を少なくする節税の対策

生命保険の選び方は税理士に相談を

　以上が、相続生前対策の 3 本柱から見た生命保険のメリットです。生命保険は「契約」ですから、保険金額をいくらに設定するのか、保険料をどのように払っていくのか、また死亡保険金の受取人は誰にするのか等、キャッシュ・フローを自在に設計することができます。

　現在、法人の決算対策のために活用できる保険商品の販売が一斉に中止となりました。しかし、個人の相続対策のために活用できる保険商品は、変わらず販売されています。相続対策に有効な商品を選ぶのであれば、終身保険が最適なものとなるでしょう。

　資産管理会社をお持ちの資産家の方は、個人ではなく法人で生命保険に加入し、死亡保険金を退職金として受け取るようにしても構いません。法人の損金性に期待しなければ、長期平準定期保険も活用できるかもしれません。

　多くの税理士は、生命保険の販売代理を行っています。生命保険を活用した相続対策について、一度、顧問税理士とご相談してみてはいかがでしょうか。

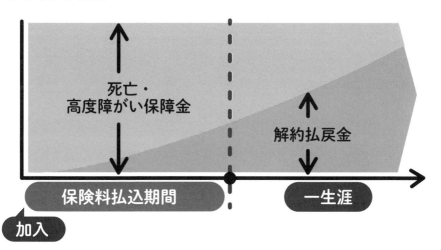

分割しづらい財産があれば
代償分割を活用したい

　死亡保険金は、保険契約上で指定した受取人の固有の資産となります。そのため、相続人が相続放棄した場合であっても、受取人であれば死亡保険金を受け取ることができます。つまり、遺産分割を行わなくても、死亡保険金は確実に相続人のものになるのです。非常に強力な遺産分割と言えるでしょう。

　例えば、現金１億円が相続財産として遺され、長男、次男、三男の３人で遺産分割を行う場合を考えてみましょう。

　この１億円をどのように分けるか、遺産分割協議によって決めなければなりません。ここでは３人それぞれが欲しい金額をそれぞれ主張することになり、分け方は決めることは容易ではありません。

　しかし、同じ１億円であっても生命保険契約であれば、あらかじめ受取人を指定しておくことができます。つまり、相続人たちが自ら遺産分割協議を行わなくても、受取人を確定することができるのです。

　一方、現金ではなく、不動産が相続財産になった場合は、遺産分割が難しい問題となります。相続財産として長男が同居していた自宅の土地１億円がある場合、次男と三男に平等に分けようとしても、自宅の土地を物理的に３つに切り分けることはできません。自宅を売却して現金にすれば分けやすいと考えるかもしれませんが、自宅には住んでいる長男には生活がありますから猛反対されるでしょう。結果として遺産分割はうまくいきません。

　そこで、生命保険を活用し、長男が自宅の土地１億円を相続しても、死亡保険金を受け取るようにしておき、次男と三男にはそれぞれ生命保険１億円を財源とした代償金が支払われるようにしておきます（代償分割）。

　こうしますと、３人とも１億円ずつ平等に資産を受け取ることがで

き、遺産分割の争いを回避することができるでしょう。

　「うちは兄弟の仲が悪いから」「後継者である子供はいいけど、後継者ではない子供のことが心配だ」とおっしゃる方、遺産分割で争いが起きそうなご家族の方々は、ぜひ生命保険契約を見直してみてください。

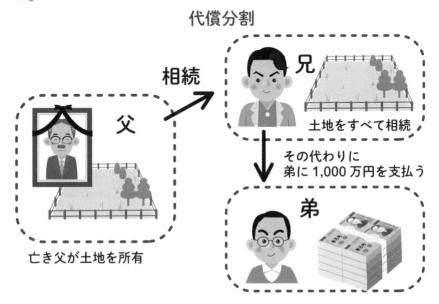

代償分割

相続

兄
土地をすべて相続

父
亡き父が土地を所有

その代わりに
弟に 1,000 万円を支払う

弟

第20章

納税資金

～相続税を支払うお金が無いときは どうする？

昔からの地主様（不動産オーナー）には、一等地の土地がたくさんある一方で、現金がほとんど無い方々が多く見られます。地主様の納税資金の作り方を考えてましょう。

不動産オーナーの相続では 現金が足りないことが多い

　親が地主や企業経営者であれば、その相続のとき、賃貸不動産や自社株式など換金性の低いものばかり相続することになり、相続税の納税資金が不足する事態が発生します。現金預金や上場有価証券が少ないのです。

　不動産オーナーの方々は、土地の収益性が低く、現金が貯まりづらいため、どうしても換金しづらい不動産ばかり持つことになります。代償分割を行うとしても、代償金として支払うためのお金が無いことに苦労します。

　相続税の納税は、相続発生日から 10 ヶ月以内に現金一括払いです。つまり、相続にはすぐに使えるお金が必要になるのです。

　それゆえ、納税のために、すでに相続人が現金を持っているか、相続財産として現金を受け取るか、いずれかの方法で相続人が現金を用意しなければいけません。

　事前に相続人が現金を蓄えておくのであれば、早めに子供たちへ現金や金融商品を贈与することが必要です。親が資産管理会社を所有するのであれば、法人から子供たちへ給料を払って、現金を蓄えさせることも相続対策となるでしょう。

また、親を被保険者、子供を受取人とする生命保険契約も、1つの選択肢となります。相続時に子供が死亡保険金を受け取れば、それを**納税資金とすることができます**。この際、親が契約者になると、死亡保険金はみなし相続財産になりますが、子供が契約者になると（子供が保険料を支払います）、死亡保険金は、子供の一時所得として所得税等の課税対象となります（相続税の課税対象にはなりません）。子供を契約者として、その保険料の支払いのために必要な現金を、親から子供に贈与するという方法も、効果的な相続対策となるでしょう。

生命保険があれば
納税資金をすぐに用意できる

　一方、子供が相続時に現金を受け取るのであれば、生命保険を活用することができます。終身保険に加入して受取人を特定の相続人にし

ておけば、その相続人は契約で決められた金額のお金を迅速かつ確実に受け取ることができます。つまり、生命保険は、遺産分割対策だけでなく、納税資金対策として有効に機能するのです。

　また、**生命保険は、遺産分割協議を必要とせず、すぐに相続人が現金を受け取ることができる**というメリットがあります。遺産分割協議の話し合いが難航して、銀行預金を引き出すことができなくなっても、死亡保険金を受け取ることは可能ですので、相続人が現金を手にすることができます。死亡保険金は受取人の固有の財産ですから、遺産分割の対象とする必要はないからです。

　保険会社へ必要書類を提出すれば、数日間でまとまった現金が支給され、葬儀費用や病院への支払いに充てることができます。

　また、死亡保険金は、遺留分減殺請求の対象になりません。遺留分の侵害にかかわらず、受取人である相続人が現金を取得することができます。

　さらに、借金を拒否するために相続放棄した相続人も、死亡保険金を受け取ることができます。

　以上のように、生命保険契約は、親が加入しても、子供が加入しても、いずれも納税資金対策として有効な手段となります。親の相続でいくらの相続税がかかるのか試算しておき、そのための納税資金がいくら必要となるのか、事前に計算しておくことが必要でしょう。

生命保険でも足らなければ 不動産を売却する

　死亡保険金が納税資金として十分にあれば問題はありません。それでも納税資金が足らない場合はどうすればよいでしょうか。これは、昔からの地主様によくあるお悩みです。

その場合、「物納」という手段もありますが、物納は容易ではありません。そこで、基本的に相続財産の一部を売却して、現金化することを考えることになります。

　売却対象として考えられる資産の代表例は、親が他界して空き家となった実家、利用する予定がない土地でしょう。このような不動産は、保有していても価値を生み出しませんから、遅かれ早かれ売却することになるものです。

　不動産を売却すれば、所得税等が課されます。その計算方法は、以下のとおりです。

> **譲渡所得税 ＝（譲渡収入 - 取得費 - 経費）×約 20%**

　すなわち、売却価格から取得時の購入金額、譲渡のための諸経費を引き、約 20% の税率を乗じて所得税等を計算します。

　この点、取得時の購入金額といわれても、先祖代々から相続してきた土地の場合、昔いくらで購入したのか全く分からないという場合がほとんどです。

　そのような場合には、譲渡収入の 5% を取得費とみなすという規定があります（概算取得費）。例えば、売却価格が 1 億円であった場合は、500 万円で取得したものとみなします。そうすると、所得税等は約 1,900 万円となります。

> 1 億円 -500 万円(=1 億円 × 5%)- 経費 =9,500 万円
> 9,500 万円 ×約 20%= 約 1,900 万円

　この点、相続が発生した直後に、不動産を売却せざるを得ない状況となったとき、所得税等の負担を軽減してくれる特例があります。取得費加算の特例です。この特例によれば、不動産の譲渡が相続発生日から 3 年 10 ヶ月以内であれば、その不動産に係る相続税の一部を取得費に加算することができます。すなわち、譲渡所得が小さくなりますから、所得税等の負担が軽くなるのです。

　不動産オーナーの納税資金対策を考えるとき、生前から現金の準備に迫られる必要はありません。都心にある実家など、売却可能な不動産を持っているならば、相続発生直後に不動産を売却することによって納税資金を用意すればよいでしょう。

第21章

歴年贈与

～ 使えなくなるかも!?
歴年贈与の大きな効果

・・・

相 続税対策の基本は、財産評価を引き下げること、財産を減らすことです。本章では、様々な贈与の制度によって、生前に財産を減らしておく方法を説明いたします。

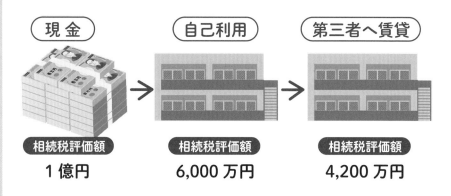

現 金	自己利用	第三者へ賃貸
相続税評価額	相続税評価額	相続税評価額
1 億円	6,000 万円	4,200 万円

相続税対策の基本は
相続財産を減らしておくこと

　相続税の計算方法は、相続財産額から基礎控除額を差し引いた課税遺産総額を、法定相続分で分割したと仮定したうえで、超過累進税率を乗じるものです。これで相続税の総額が算出されます。したがって、相続税は相続財産の大きさによって決まることになり、相続財産が大きければ、当然に税負担が重くなります。

　とすれば、**相続財産を生前に減らしておけば、税負担が軽くなる**ということです。その意味では、本人が豪遊して浪費し、財産を消滅させておくことも相続税対策の１つになるかもしれません。しかし、大部分の資産家の方々は、自分で使うよりも子供に渡したいと考えるでしょう。

　相続税対策のもう１つの方法は、**相続財産の評価額を引き下げておくこと**です。

　例えば、所有する遊休土地に賃貸マンションを建築して、財産評価を引き下げる方法は、昔から有名な手法です。「土地の有効活用」と称して、ハウスメーカーが盛んに売り込んでくるでしょう。これは、相続税評価の高い現金を、相続税評価の小さい賃貸不動産に組み換えることによって、財産評価を小さくするものです。しかしながら、相続税評価を引き下げる効果には、一定の限界があります。

　そこで、併用すべき相続税対策となるのが、もう１つの**相続財産それ自体を減らしてしまう方法**です。これは、**親の生前に子供へ財産を贈与する**ということです。

贈与は、当事者の一方が自己の財産を無償で相手方に与える意思表示を行い、相手方がこれを受諾することによって成立します。贈与には様々な制度がありますが、基本は「暦年課税制度」です。暦年課税制度とは、「暦年贈与」とも呼ばれ、子供など受贈者1人当たり毎年110万円の基礎控除額まで非課税で、それを超えた部分に贈与税が課される制度です。毎年110万円までの贈与は無税となります。

　相続税対策として暦年課税制度の贈与を行う場合、財産を少額に分け、何年も続けることができれば、節税効果が大きくなります。

　基礎控除は、年間1人当たり110万円です。しかし、この非課税枠は毎年繰り返し利用でき、孫など法定相続人以外の人にも使うことができます。つまり、暦年贈与は、何人でも、何度でも繰り返し使うことできる制度です。贈与を受ける人とその回数を増やして、毎年少しずつ贈与を続けていけば、相続財産を大きく減らし、将来の税負担を軽くすることができます。

暦年贈与は 110万円を超えても構わない

　将来の相続財産は、いずれ相続税が課され、減ってしまう財産です。そうであれば、贈与税を支払ってでも、先に子供に渡してしまうほうがよいというケースがあります。

　結果として税金が課されるのであれば、低い税率で済ませるほうがよいでしょう。つまり、将来の相続税率よりも、現在の贈与税率のほうが低いのであれば、暦年課税制度で贈与を行ってしまえば、税金が少なくて済むということです。

　それゆえ、暦年贈与による相続税対策は、基礎控除110万円の枠内に縛られる必要はありません。基礎控除110万円を超えて贈与税

を支払うことになったとしても、相続税率よりも低いのであれば、贈
与したほうがよい場合があるということです。
　例えば、8,000 万円の資産を持っている人が、3 人の子供と 1 人の
孫（合計 4 人）に、1 人当たり年間 110 万円の贈与を 10 年間続けた
としましょう。

> 110 万円 × 4 人 × 10 年 =4,400 万円
> 8,000 万円 -4,400 万円 =3,600 万円

　当初持っていた個人財産の 8,000 万円から、贈与した 4,400 万円
を差し引くと、残りは 3,600 万円です。ここまで相続財産を減らせば、
基礎控除（配偶者と子供 3 人で 5,400 万円）を下回るため、相続税
はゼロとなります。コツコツと暦年贈与を継続すれば、相続税対策が
完成するということです。

住宅資金、結婚・子育て資金、教育資金も非課税で贈与

　相続税対策となる贈与の制度として、暦年課税制度のほかに、住宅取得資金贈与の非課税特例、結婚・子育て資金贈与の非課税特例、教育資金の一括贈与の非課税特例があります。

　住宅取得資金贈与の非課税特例は、親から子や孫に住宅資金として現金を贈与する場合、一定の金額まで贈与税がかからない制度です。取得する住宅は、中古住宅の取得や増改築の工事であっても構いません。また、省エネ住宅および耐震住宅の場合には、非課税枠が通常の住宅の場合よりも拡大されます。

　この制度は、令和 5 年 3 月 31 日までであれば、一般住宅で 500 万円、省エネ・耐震住宅で 1,000 万円まで、贈与税が非課税となります。

　また、**結婚・子育て資金贈与の非課税特例**とは、令和 5 年 3 月 31 日までの間に、20 歳以上 50 歳未満の受贈者が、結婚・子育て資金に充てるため、金融機関等との契約に基づいて、直系尊属の贈与者（父母や祖父母など）から現金の贈与を受けた場合、1,000 万円まで贈与税が非課税となる制度です。契約期間中に贈与者が死亡した場合、非課税で拠出した金額から結婚・子育てに使った金額を差し引いて残額があれば、相続税が課されることとなります。また、受贈者が 50 歳に達しますと、残額には贈与税が課されることになります。

　さらに、**教育資金の一括贈与の非課税特例**とは、子や孫に対する教育資金の一括贈与について、子・孫ごとに 1,500 万円まで、贈与税が非課税となる制度です。令和 5 年 3 月 31 日までに、祖父母（直系尊属、贈与者）が、子・孫（30 歳未満の直系卑属、受贈者）名義の口座等を金融機関に開設し、教育資金を一括して拠出すると、それぞれ 1,500 万円までが非課税となります。ここでの教育費の範囲は、

学校などへの入学金や授業料、学校以外の塾や習い事の月謝等です。
この教育資金は、子・孫が 30 歳に達したときに使い残しがあれば、
残額には贈与税が課されることになります。

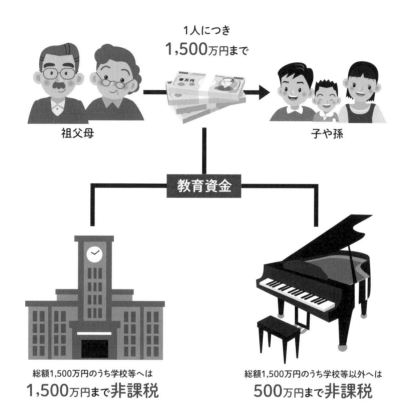

1人につき
1,500万円まで

祖父母　　　　　　　　　　　　　　　　　　子や孫

教育資金

総額1,500万円のうち学校等へは
1,500万円まで**非課税**

総額1,500万円のうち学校等以外へは
500万円まで**非課税**

第22章

小規模宅地特例

～経営者の自宅の相続税が激減する 小規模宅地特例とは？

実家や賃貸アパートの相続において、小規模宅地等の特例を適用すれば、不動産に係る相続税が5割引から8割引になります。この特例の使い方を理解しておきましょう。

同じ家でも、特例を適用して
評価額が下がると相続するときに節税できる

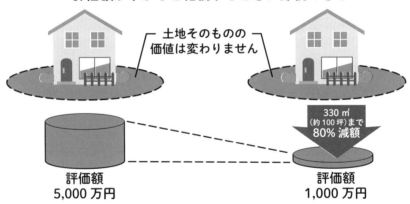

土地そのものの
価値は変わりません

330㎡
（約100坪）まで
80% 減額

評価額
5,000万円

評価額
1,000万円

実家の相続に不可欠！ 小規模宅地等の特例

　港区広尾や渋谷区松濤など、大富豪が豪邸に住んでいることで有名な地域があります。実は都心部の豪邸は相続税負担が軽いのです。
　一般的に、親が都心部の立派な豪邸に住んでいても、子供が同居しているのであれば、相続税はそれほど重いものではありません。

これらの敷地（土地）の評価額が 8 割引となるからです。これが「小規模宅地等の特例」を適用することによる効果です。

　小規模宅地等の特例は、一定の条件さえ満たすことができれば、相続税申告で適用することができる特例です。相続税対策の 1 つとして提案されることもありますが、特例の適用が節税のテクニックだというわけではありません。当然に適用すべきものです。

　被被相続人が、自宅・事業用・賃貸用の宅地を持っていた場合、それに多額の相続税が課されてしまいますと、最悪は宅地の売却を強いられるなど、使用を続ける配偶者や後継者の日常生活が危うくなります。

　そこで、自宅・事業用・賃貸用の宅地が相続財産となり、それを配偶者や後継者が相続するときには、その相続税評価が引き下げられることによって、税負担が軽くなるのです。

　被相続人が住んでいた自宅の敷地は、特定居住用宅地等と呼ばれ、配偶者や同居親族などが取得すれば、最大 330㎡までの部分について、評価額を 80% 減額することができます。

　被相続人が老人ホームに入居していた場合、老人ホームの終身利用権を取得して空き家となっていた場合であっても、自宅の敷地について特例を適用することができます。

小規模住宅地等		限度面積	減額割合
特定事業用等宅地等 ● 特定事業用宅地等 ● 特定同族会社事業用宅地等		400 ㎡	80%
特定居住用宅地等		330 ㎡	80%
貸付事業用宅地等		200 ㎡	50%

小規模宅地等の特例の適用要件

　被相続人の自宅の宅地については、小規模宅地等の特例を適用することによって、8割の評価額が引き下げられます。ただし、その宅地が「特定居住用宅地」の要件を満たすことが必要となります。特定居住用宅地とは、被相続人の居住用の宅地で、一定の要件を満たす親族が取得したものをいいます。

　配偶者が相続する場合には、その宅地は、常に特定居住用宅地として認められます。一方、子供らの親族が相続する場合、被相続人と同居しているか、生計同一であることが、特例を適用する要件として求められます。

　取得する相続人が、被相続人と同居していないときは、被相続人に配偶者や他に同居する親族がおらず、かつ、相続開始前3年以内に国内に自分や配偶者が所有する家屋（相続開始の直前において被相続人の居住の用に供されていた家屋を除く）に居住したことがないことが要件として求められます。これを「家なき子」の要件と呼びます。

　ただし、3年以内に、その相続人の3親等内の親族などが所有している家屋に以前居住したことがある人と、相続開始時に居住していた家屋（賃貸用）を過去に所有していたことがある人は、この特例を適用することができません（平成30年改正）。これは、過去3年以内に自宅を3親等内の親族などに移転し、自分はそれを借りて住むことで「家なき子」になって特例を適用するという節税手段が横行したため、それを封じるものとして設けられた要件です。

長男は「家なき子」の要件を満たすため
小規模宅地の特例が適用可能（330 ㎡まで）

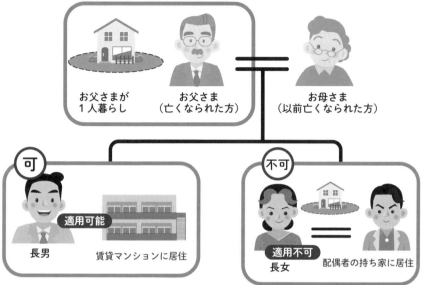

賃貸アパートに係る相続税も半額になる

　また、アパートの賃貸経営で生計を立てている家族で、親の相続が発生した場合、そのアパートに課される相続税を支払うことができず、売却するような事態になると、賃貸収入に依存する子供たちが生活できなくなってしまいます。

　そこで、被相続人の事業（**不動産貸付業、駐車場業など**）に使っていた宅地で、一定の要件を満たす親族が相続により取得した宅地は、最大 200㎡までの部分について評価額を 50% 減額することができます。この宅地を「貸付事業用宅地」といいます。

　ただし、その相続開始前 3 年以内に、新たに貸付事業のために提供された宅地には適用することができません。

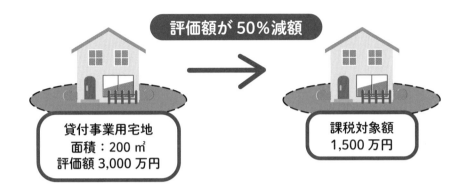

評価額が 50% 減額

貸付事業用宅地
面積：200 ㎡
評価額 3,000 万円

課税対象額
1,500 万円

地方の実家を売って
都心のマンションへ住めば節税になる

　実家が地方や郊外にあるならば、親が自宅を売却し、都心部でタワーマンションを購入して住み替えることも、相続税対策になります。

　例えば、親が、広くて地価が安い郊外に住んでいたとしましょう。330㎡を限度に小規模宅地等の特例が適用されますが、330㎡を超えるような広い土地であった場合、全体に適用することができません。宅地の一部だけしか特例を適用することができず、評価引き下げの効果が限定的になります。

　これが都心部の土地になると、仮に郊外の土地と同じ評価額であっても、地価が高い分だけ敷地面積は小さくなるでしょう。つまり、都心部の土地では、小規模宅地の特例の限度面積330㎡をフルに使うことができる可能性が高くなるのです。それによって評価引き下げ効果が最大化されます。

　つまり、この特例には、土地の「面積」には限度がありますが、「金額」には限度がないということです。評価引き下げの対象となる金額（評価額）を大きくすればするほど、税負担が軽減される効果が

大きくなります。

　簡単に住み替えると言っても、自宅を売却するときの所得税等の負担が心配になることでしょう。この点、自宅の売却で大きな利益が発生したとしても、譲渡所得には、居住用財産の 3,000 万円特別控除を適用することができるため、所得税等の負担は小さくなります。譲渡益が 3,000 万円以下であれば、所得税等は課されないこととなります。

　地方や郊外に住んでいる親は、買い物が不便であったり、孫の顔をすぐ見ることができなかったり、生活環境が必ずしも快適だというわけではありません。高齢の親の日常生活を充実させるためにも、都心部への住み替えを検討してみてはいかがでしょうか。それには節税効果も伴うのです。

第23章

資産タイプ別 相続対策

～ 相続対策は不動産・自社株式・ 金融資産の3つに分ける

∙∙

富裕層である「資産家」の方々が増えていますが、相続税が重いわが国では、相続対策は重要な問題です。資産家を3つのタイプに分けて考えてみましょう。

資産家の3つのタイプ

「資産家」の属性を、所有する資産のタイプで分けますと、不動産を多く所有する「地主」、会社の経営を行う「企業オーナー」、多額の金融商品を所有する「金融資産家」の3つのタイプに分けることができます。

（1）企業オーナー：個人財産のほとんどが非上場株式（自社株）
（2）地主　　　　：個人財産のほとんどが不動産（相続した土地）
（3）金融資産家　：個人財産のほとんどが金融商品（上場有価証券）

大きな個人財産を所有していると、将来の相続税負担が大きくなるだけでなく、子供同士が財産を取り合う争いが生じるリスクもあります。そこで、生前に相続対策を行っておくことが必要となります。所有する資産のタイプに応じて、相続対策の進め方を考えてみましょう。

○：問題なし　△：検討すべき　×：問題あり

	遺産分割対策	納税資金対策	相続税対策
企業オーナー	△	×	○
地主	×	△	△
金融資産家	○	○	×
対策例	民事信託	生命保険	不動産投資

企業経営者の相続対策は「納税資金対策」が中心

　資産家の中でも「超・富裕層」「HNW（ハイ・ネット・ワース）」と別格扱いされる人たちのほとんどは、企業オーナーです。上場企業オーナーやその創業家一族、非上場の大企業のオーナー経営者、大病院の経営者などがこのタイプに該当します。

　一般的に富裕層といえば、開業医、弁護士、大企業の役員などが思いつきますが、彼らの高所得はフローの収入です。この高所得が長期間続けば、ある程度の富裕層になるかもしれませんが、個人の労働時間には限界があり、フロー収入のみで超富裕層のレベルに到達することは困難です。超富裕層になるには、フロー収入ではなく、IPO（株式上場）などストックの価値が爆発的に増大することによって、一気に個人財産を増やす必要があるのです。それゆえ、企業経営を行うしかないのです。

　企業オーナーの相続対策を考えるうえで、最大の課題となるのが、自社株式の相続です。自社株式には、「経営権」と「財産権」という

経営の根幹に関わる権利が備わっているため、それらを誰に渡すのか、その際に課される税金の負担を軽くできるのかどうかは、重要な問題です。

　法人（会社）の経営者を例に挙げると、会社の支配権を確保させるため、原則として、後継者は自社株式の過半数（できれば3分の2）を相続しなければいけません。しかし、後継者に自社株式の大部分が相続されるとすれば、遺留分を侵害し、後継者ではない相続人との争いが発生する可能性があります。逆に、自社株式を子供たちへ平等に分割して相続させると、兄弟間で会社の支配権争いが発生する可能性があります。

　また、相続税の納税は現金によって支払うことから、後継者が納税資金を用意しなければいけません。現金が足らない場合は、法人（会社）が相続人から自社株式を買い取る、会社から相続人へお金を貸す、相続人が個人で銀行からお金を借りるなどの手段が必要となります。

　しかし、企業オーナーの相続税負担は、地主や金融資産家と比べると、比較的軽くなります。不動産や金融資産よりも、非上場株式のほうが、相続税評価額が小さくなるからです。価値の高い資産を、相続税評価の低い株式を通じて間接的に相続することも可能となります。

地主の相続対策は「遺産分割対策」が中心

　資産家としての地主は、自力で土地を買い集めたわけでなく、親からの相続によって多くの優良な土地を取得された方々がほとんどです。東京23区内の一等地にある自宅を相続すると、それだけでも大規模な資産家となるでしょう。

　代々の山林所有者、農地改革で土地を手に入れた小作人の方は、先祖代々から受け継いだ土地を守ることが使命だとされています。これらの地主には、堅実であることで有名な方が多く、著名な「地主一族」が存在しています。

　地主の相続の問題は、相続時の遺産分割です。また、近年は不動産の収益性が低下していますので、手元に現金が残されておらず、納税資金が不足しがちです。

　近年、アベノミクスの結果として不動産価格の上昇が最高潮に達しています。そのため、相続税負担も重くなり、納税資金を作るために、不動産を切り売りするケースが多く見られます。不動産の相続を経るごとに、地主一族が所有する土地の面積は小さくなっていくのです。

　安易に遺産分割し、不動産を共有とすれば、問題が次世代に先送りされます。兄弟やいとこ同士で共有すると、その不動産を売却することが難しくなり、親族間の様々なトラブルの種にもなりかねません。それだけに、不動産は相続争いを招く、取り扱いの難しい資産となり

ます。

　しかし、不動産の相続税の負担は、金融資産よりも軽くなります。不動産の相続税評価は、時価を大きく下回るからです。賃貸アパートであれば、貸家建付地や貸家の評価減がありますし、小規模宅地等の特例を適用すれば、5割の評価引き下げとなります。

金融資産家の相続対策は
「相続税対策」が中心

　金融資産家は、個人財産のほとんどが金融資産である資産家の方々です。証券会社と親密にお付き合いされている方が多く、株式などの上場有価証券、外国債券などを多く所有されています。医師、弁護士、外資系金融機関に勤務される役員の方々など高額所得者などが代表例ですが、M&Aで会社を売って、多額の譲渡代金を手にされた方もいます。

　金融資産の相続において、金融資産は 1 円単位で分割できるものであることから、遺産分割問題が発生することはありません。また、金融資産そのものを納税すればよいため、納税資金問題も発生することもありません。

　しかし、金融資産の相続税評価は、時価と一致するため、不動産や非上場株式と比べて、相続税負担が最も重いものとなります。

　それゆえ、金融資産家の相続対策は、相続税対策（節税）が最も重要な課題となります。贈与を行って相続財産を減らしておくか、不動産投資によって財産評価を引き下げておくことが必要です。

第24章

相続対策の開始

~ 相続対策は、
　まず何から始めればいいか

・・・・・・・・・・・・・・・・・・・・・・・・・・・・・・

相　続対策として始めるべきことは、個人財産の状況の把握と、
将来の相続人の把握です。本章では最も初期的な相続対策に
ついて説明いたします。

個人財産の状況の把握

　個人の相続対策の最初の第一歩として、将来の相続財産となる資
産および負債を把握してみましょう。今後の収入によって個人財産
は増えるかもしれませんが、現時点での個人財産の全体像を把握す
ることが必要です。

　その結果、資産から負債を差し引いた正味の個人財産を計算する

ことができます。正味の個人財産額が大きければ大きいほど、将来の相続税額が重くなります。

　ここで、見落としやすいものは、将来の相続税です。気付かないかもしれませんが、相続税は、相続が発生したときに国家に対して発生する負債なのです。未払い相続税ともいうべき負債を正しく認識しておきましょう。

　これらの資産および負債を貸借対照表として表示すると、個人財産の全体像がよく理解できます。また、貸借対照表から様々な個人の財務上の問題点を把握することもできるようになります。

【家計貸借対照表】

（単位：万円）

【資産】		【負債】	
現預金	8,415	借入金	4,500
国内株式・債券	2,655	未払い一次相続税	2,700
海外株式・債券	825	未払い二次相続税	1,700
投資信託	1,325	（負債合計）	8,900
生命保険	1,320		
不動産	21,780	【純資産】	29,235
自社株式	1,815		
資産合計	38,135	負債・純資産合計	38,135

　貸借対照表の資産と負債との関係において、負債の返済可能性も評価しておきましょう。特に未払い相続税です。これは相続発生時にその負債を現金で一括納付で完済しなければいけません。相続対策において、将来発生する未払い相続税という負債を把握し、その負債を流動性ある資産で支払うことが可能かどうかを確かめることが極めて重

要なのです。不足しているのであれば、終身保険に加入し、死亡保険金を準備できないかどうか、検討してみましょう。

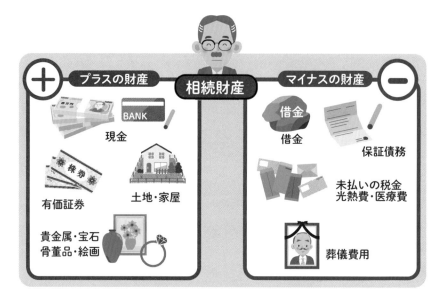

将来の相続人の把握

　民法では相続人になることができる人やその順位、遺産の配分の割合について定めています。ここで定められた相続人を「法定相続人」と呼びます。

　遺言書がある場合の相続では、遺言書に書かれている内容に従って分割を行います。遺言書がない場合や遺言書に明記されていない遺産の相続では、遺産分割協議によって分割を行います。

　法定相続人の範囲を確認しますと、配偶者は常に相続人になります。これは法律上の配偶者です。内縁の妻・夫の関係にあった方は、相続人となることはできません。

　配偶者の他の親族には、順位があります。相続人になる第1順位

は子や孫、ひ孫などの直系卑属です。相続人である子供が先に他界している場合は、その子供すなわち孫が相続人（代襲相続人）となります。また、養子もそうですし、離婚した配偶者との子も第1順位に含まれます。

　第1順位の相続人がいない場合、父母や祖父母などの直系尊属が第2順位の相続人となります。

　そして、第1順位も第2順位もいない場合は、兄弟姉妹が第3順位の相続人となります。

　ちなみに、相続開始時に被相続人の子や兄弟姉妹となる胎児がいるときは、その胎児も相続人となるので注意が必要です。

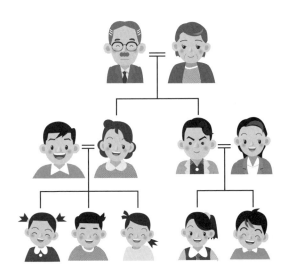

遺留分の計算基礎となる法定相続分

　遺言書があれば法定相続人以外も相続することができますが、そのときは法定相続人の遺留分に注意しなければなりません。兄弟姉妹を除く法定相続人には（兄弟姉妹に遺留分は認められていません）、相続財産の最低限の取り分である遺留分が認められているためです。遺

留分を害された法定相続人は、遺留分侵害額請求をすることができます。

　遺留分の計算の基礎となる法定相続分の割合については、相続人の組み合わせによって異なります。

　配偶者と子が相続人であるときは、配偶者の法定相続分が2分の1、子の法定相続分が2分の1です。また、子が複数人いる場合の法定相続分は、2分の1を人数で等分した値となります。

　相続人が配偶者と被相続人の直系尊属のときは、配偶者の法定相続分が3分の2、直系尊属の法定相続分が3分の1となります。そして、相続人が配偶者と被相続人の兄弟姉妹のときは、配偶者の法定相続分が4分の3、兄弟姉妹の法定相続分が4分の1となります。

　具体例を計算してみましょう。例えば、相続人は、被相続人Xの配偶者Yと、子A、子Bの場合で考えます。このケースでは、法定相続分は以下のとおりです。Yが2分の1、A・Bそれぞれが4分の1です。

【相続人の法定相続分】

配偶者と子
（第1順位）
の場合

子が複数いる場合、
1/2を等分

配偶者と親
（第2順位）
の場合

両親とも健在の場合、
2/3を2等分

配偶者と兄弟姉妹
（第3順位）
の場合

兄弟姉妹が
複数いる場合、
1/4を等分

生前対策の基本的な考え方

　ここまで情報が整理できましたら、具体的な生前対策の手法を考えていきます。

　第一に、遺産分割の観点から生前対策を考えます。資産の大部分が不動産や自社株式の場合、複数の相続人に均等に分割することが困難であるため、遺産分割をめぐる相続争いが生じる可能性が高くなります。特に、自社株式については、分割することなく後継者へ集中的に承継させる必要があるため、後継者ではない相続人とのバランスを取ることが難しくなります。

　第二に、納税資金の観点から生前対策を考えます。未払い相続税と流動性ある資産（＝金融資産および生命保険金）とを比較し、納税資金に不足がないかを確かめます。足りない場合は、終身保険などの生命保険契約に加入し、それを補わなければなりません。

　第三に、相続税対策の観点から生前対策を考えます。未払い相続税を減らすには、資産構成を組み換えなければなりません。一番多いパターンは金融資産から不動産への組み換えです。これによって財産評価が下がるため、未払い相続税は減少するのです。

第25章

M&A
〜 個人財産を最大化する M&A とは

・・・

第 三者承継（M&A）では、売却価格を最大化するとともに、税負担を最小化することを考えましょう。また、受け取った現金に係る相続税対策を検討しましょう。

M&A とは個人財産を株式から現金へ組み替えること

　第三者承継（M&A）とは、第三者へ経営権を承継することであり、現経営者は、自ら所有する自社株式の有償の譲渡によってそれを実現させています。

　株式の譲渡によって、現経営者は、その対価としての現金を受け取ります。これを個人財産の観点から見ますと、自社株式という資

産が現金という資産に転換され、現経営者は、企業オーナーという立場から金融資産オーナーという立場に転身することになります。

その際、現経営者が個人として、個人財産の最大化の観点から、次の3つのポイントを検討しなければなりません。

第一に、M&Aを通じて株式を現金化する際に、どれだけ大きな現金を獲得することができるかという点です。これは、買い手に事業価値を高く評価させることで、高い売却価格を実現できるかということです。

そのため、M&A実行前において事業価値を高めておくことはもちろん、M&Aの手続きを適切に進め、買い手との契約条件交渉を上手く乗り切ることが必要となります。

第二に、株式の譲渡に伴う税負担を最小化できるかという点です。M&Aによって事業承継する手段として、事業譲渡と株式譲渡の2つの取引スキームが想定されます。現経営者は、どちらの取引スキームのほうが税負担を小さく抑えることができるか、慎重に検討しなければいけません。

取引スキームの違いが、所得税と法人税の発生の違いをもたらし、これらの違いが、大きな金額となるのです。自社株式を売り切ってしまう場合には株式譲渡が有利ですが、持株会社を手元に残す場合には事業譲渡が有利になる可能性があります。

第三に、M&Aの対価として現金を受け取って金融資産オーナーに転身した後、どのように相続税対策を講じるかという問題です。個人財産として多額の金融資産を所有することになった場合、将来の相続において、遺産分割対策と納税資金対策の観点からは全く問題は発生しません。しかし、相続税負担がこれまで以上に重くなりますので、ゼロベースで相続税対策を作らなければなりません。不動産投資を考える必要があるでしょう。

M&A の売却価格の最大化

　M&A に伴う税金は、事業譲渡の場合は法人税、株式譲渡の場合は所得税です。それでは、その際の売却価格は、どのように計算するのでしょうか？

　顧問税理士に「株式の時価を算定してください」とお願いすれば、所得税法または法人税法上の時価が計算されるかもしれません。しかし、M&A では税法の計算を使う必要はありません。独立した第三者間取引であれば、当事者間の交渉を通じて決定した金額とすればいいのです。

　ただし、上場企業のような買い手は、適正な時価を評価する計算方法を知っています。それは、DCF 法、類似上場会社比較法、修正純資産法など、経済的に合理的だと言われる計算方法です。買い手から

それらの金額を提示され、売り手が交渉を通じて合意できれば、譲渡契約が締結されます。それで税務上も問題はありません。

　ここでのポイントは、現経営者が、個人としての利益最大化の観点から、対価として受け取る現金を最大化することです。そのためには、売却価格を最大化することとともに、売却に伴う税負担を最小化することが必要となります。

　詳しい説明は省略しますが、株式譲渡と事業譲渡の選択が、売り手側の税負担に大きく影響します。それに加えて、これらが買い手側の税負担にも影響を与えてしまうため、売却価格それ自体も修正が必要となるのです。また、現経営者が会社を売り切ってしまう場合と、資産管理会社となる持株会社を手元に残す場合でも、取引スキーム選択が税負担に大きく影響してきます。

　つまり、M&Aの取引スキームの巧拙によって、売却価格、税負担が大きく変わり、対価として受け取る手元現金の金額が変わってくるということです。最適な取引スキームを選択することが、とても重要なことだと覚えておきましょう。

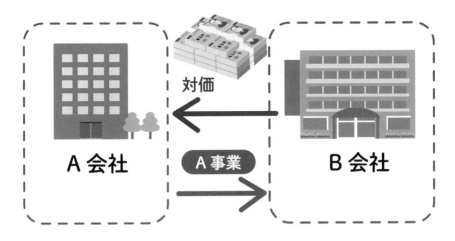

金融資産オーナーとなった後の相続税対策

　事業承継に第三者承継を選択した場合、現経営者の保有する株式は、現金という金融資産に変わります。これによって、個人財産の相続税評価は一気に時価100％の水準まで引き上がり、将来の相続税負担が重くなります。

　それゆえ、企業オーナーが自分の代でM&Aを実行し、金融資産家として現金を承継するよりも、子供へ株式を贈与または相続した後、子供の代でM&Aを実行するほうが、次世代の税負担まで考慮に入れた場合、全体の税負担が軽くなる可能性があります。

　この理由は、時価が同じ株式と金融資産であっても、相続税評価額が異なるからです。ほとんどのケースにおいて、M&Aによる売却価格のほうが、自社株式の相続税評価額よりも高くなるのです。

　金融資産オーナーの相続税対策は、不動産投資です。これは、土地や建物といった不動産の相続税評価額は、非上場株式と同様、時価よりも低くなることを活用するものです。

　詳しい計算方法の説明は省略しますが、例えば、土地と建物をそれぞれ1億円、トータル2億円の不動産を購入した場合、その相続税評価額は、土地が6,500万円、建物が3,500万円のトータル約1億円まで引き下げられます。その結果、相続税率50％を前提とすれば、約5千万円の相続税負担を軽減することができるのです。2億円の現金の相続税評価額は2億円ですが、2億円の価値ある不動産の相続税評価額は1億円なのです。個人財産の組み換え、つまり、現金という資産を不動産という資産に組み換えることによって、相続税対策を行うことができます。M&Aを行った後は、必ず不動産投資を考えましょう。

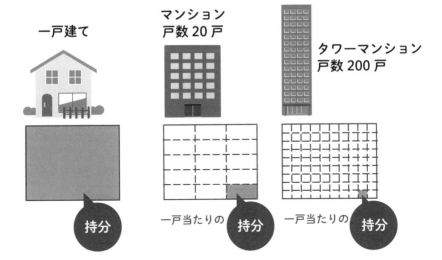

一戸建て

マンション
戸数 20 戸

タワーマンション
戸数 200 戸

持分

一戸当たりの 持分

一戸当たりの 持分

第26章

不動産投資
~ なぜ相続対策に
　不動産投資を勧められるのか？

個人であっても法人であっても、相続税対策として不動産投資であると提案されることがあります。本章では、なぜ不動産が相続税対策になるのか、説明します。

不動産に係る相続税は安い

　不動産会社は、地主様に対して、「相続税対策になりますから、借金して賃貸アパート経営しましょう」と提案します。典型的な営業手法です。なぜ、賃貸アパート経営が相続税対策になるのでしょうか？

この理由は、賃貸アパートを建築することで、土地の評価額を引き下げることにあります。

相続税評価において、更地ではなく、そこに賃貸アパートを建てると、土地の評価額は、約 2 割減額されるのです。それは、「自用地」から「貸家建付地」に変わることで、入居者が持つことになる権利、借地権（約 60 ～ 70%）と借家権（30%）が減額されるからです。これが、相続税の節税につながるという仕組みです。

例えば、実勢価格 1 億円の土地の評価は、相続税評価になり、さらに貸家建付地になることによって、2 割減と 2 割減が続けて行われ、約 6 千万円程度まで引き下げられることになります。

自用地の相続税評価：実勢価額の約 8 割
貸家建付地：自用地の相続税評価×
　　　　　　　（1- 借地権割合×借家権割合×賃貸割合）

同時に、建物の相続税評価は、賃貸アパートの場合、約 3 割減額されるのです。それは、「自宅」から「貸家」に変わることで、入居者が持つことになる権利、借家権（30%）が減額されるからです。これも、相続税の節税をもたらす理由の 1 つです。

例えば、1 億円で建築した建物の評価は、相続税評価（固定資産税評価額）となり、さらに貸家となることによって、5 割減と 3 割減が行われ、約 4 千万円程度まで引き下げられることになります。

自宅の相続税評価：実勢価額の約 5 割
貸家：自宅の相続税評価×（1- 借家権割合×賃貸割合）

このように、賃貸アパートを建てることによって、土地と建物の両方の評価額を引き下げることができるのです。つまり、現金預金など金融資産を支払って、不動産を購入することにより、相続税の節税になるという仕組みです。

十分な現金を持っていない場合、借入金で調達しても同様の効果があります。借入金は債務控除として相続財産からマイナスされるからです。これが、いわゆる「借金してアパート」という伝統的な節税手法なのです。

不動産投資による財産の評価減

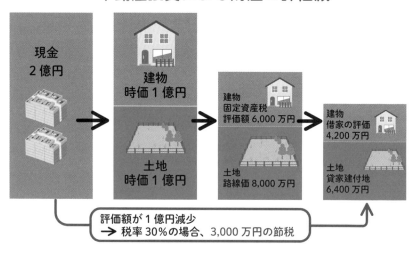

現金
2億円

建物
時価1億円

土地
時価1億円

建物
固定資産税
評価額6,000万円

土地
路線価8,000万円

建物
借家の評価
4,200万円

土地
貸家建付地
6,400万円

評価額が1億円減少
→ 税率30％の場合、3,000万円の節税

賃貸アパート経営を慎重に考えたい

以上のように「借金してアパート」は、相続税対策として効果的な手法です。しかし、これはプラスの家賃収入によって借入金が返済できること、すなわち、資産価値を落とさずに賃貸経営を継続できることを前提としたものです。

　しかしながら、近年、わが国の人口減少によって、地方や郊外において賃貸物件への入居者の減少が問題となっています。賃貸したくても空き家になってしまうのです。そのような状況に陥ってしまうと、家賃収入が借入金の返済を下回り、キャッシュ・フローが回らなくなるケースもあります。

　賃貸アパートの建築によって、相続人は親がスタートした不動産の賃貸経営を引き継がなければいけません。それが家計にプラスのキャッシュをもたらすのであれば、うれしい話です。しかし、賃貸経営が行き詰まってしまうと、相続人にとって困った話となってしまいます。いっそのこと不動産を売却したいと思っても、買い手が見つからず、借金だけが残されるという最悪のケースもあるでしょう。更地に戻すことを前提に売却したいと考えても、入居者の立ち退き料や建物の取り壊し費用が追加で発生するため、損失はさらに拡大します。

　相続税対策で賃貸アパートを建てるときには、このような状況に陥らないよう、不動産の賃貸経営そのものを慎重に検討しなければいけません。

会社経営者の相続税対策としての不動産

　会社経営者の場合も、地主様の場合と同様、不動産投資が相続税対策となります。

　業績好調で利益を確実に上げている会社であればあるほど、その自社株式の評価額が高くなり、相続税負担も相応に大きくなるというのは、会社経営者に共通した悩みです。

　そのため、自社株式の評価額を引き下げる手段として、不動産投資が提案されます。具体的には、自社株式の純資産価額の評価を下げる手段として、不動産会社から不動産の購入を提案されることがあります。

　自社株式の評価額は、会社が所有する個別資産の評価額を積み上げて計算することになりますが、個人の場合と同様、現金預金など金融資産を支払って、会社で不動産を購入すれば、自社株式の評価額が引下げられることになるからです。

　また、持株会社体制をとっているケースにおいて、持株会社が「株式等保有特定会社」に該当して、通常の事業会社よりも割高な評価額となることがありますが、この場合も不動産投資が相続税対策となります。すなわち、不動産投資によって、持株会社が保有する資産のうち株式（≒子会社株式）が占める割合が 50% を下回ることができれば、自社株式の評価額を引き下げられるからです。

　いずれにおいても投資対象となる不動産は、必ずしも賃貸用でなくても構いません。本社ビルにする、営業所で使用するといった自社利用のものであっても構わないのです。

　ただし、一点だけ注意点があります。それは、会社が所有する不動産は、購入してから 3 年間、相続税評価ではなく取得価額で評価されるというルールです。取得価額というのは、支払った現金と同額で

すから、現金という資産が不動産という資産に変形しただけということになり、自社株式の評価額は変わりません。よって、購入してから 3 年間は、相続税対策の効果が無いということです。会社経営者の相続税対策には最低 3 年間必要であることに留意し、早めに相続対策を考えておきましょう。

時価の貸借対照表（BS: バランスシート）

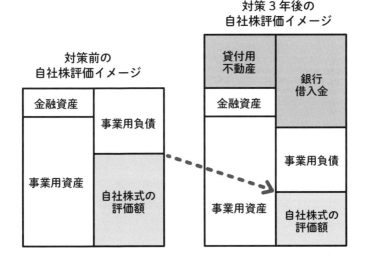

第27章

民事信託（その１）

～ 認知症に対する事前の備え

少 子高齢化が進み、認知症の高齢者の介護が問題となっています。本章では、認知症になった際の懸念事項、事前の備え、民事信託についてご説明いたします。

認知症になった際の懸念事項

　認知症とは、脳の障害によって認知機能が低下して、日常生活や社会生活に支障をきたした状態をいいます。認知機能とは、記憶する、思考する、理解する、計算する、話すなどの機能です。「もの忘れ」することが増えたと感じたら、認知症の前兆が始まっているかもしれません。

　認知症になったときの懸念事項として、真っ先に出てくるのは、銀行の預金口座が凍結されることです。家族でもお金の入出金ができなくなります。お金を用意できないと、認知症のために病院の治療費を支払うことが難しくなるかもしれません。

　また、収益不動産のオーナーが、賃貸経営を続けることができなくなることも、よくある問題です。入居者との賃貸契約を結ぶことができず、更新したり解除したりすることもできません。物件を売却することはもちろん、修繕することすらできなくなってしまいます。

　さらに、介護施設へ入居するために自宅を売却しようとしても、認知症になってしまうと売却することができません。そこで、後見人をつけて、売却してもよいかどうか決めてもらわなければいけません。

　さらに、認知症になった時期に書かれた遺言書は、法的効力がありません。例えば、自分に不利な分割案を強いられる相続人は、遺言書が認知症のときに書かれているから無効だと裁判所に訴えることがあります。このような「争族」が生じると、家族の人間関係がバラバラになってしまうことでしょう。

認知症に事前に備えておきましょう

　認知症に対する事前の備えとして、1つは、銀行の通帳とキャッシュカードの保管場所と暗証番号を本人から聞いておきましょう。認知症になってからこれらを探すことは大変な作業となります。

　また、銀行で「代理人カード」を作っておきましょう。本人と生計が同一である親族に限って、「代理人カード」を作ることができます。

　所有する自宅や収益不動産については、民事信託を使って所有権を家族に移しておくことがよいでしょう。認知症になってしまうと、管理・処分することができなくなるからです。

　そして、配偶者の相続が発生したとき、認知症の相続人が生命保険の受取人になっていると、死亡保険金の請求ができなくなります。受取人の代わりに請求できる「代理請求人」を定めておきましょう。

認知症と不動産管理

　高齢者が賃貸不動産を所有している場合、認知症になった後の財産管理・処分が問題となります。なぜなら、認知症になって判断能力が

無くなると、法律行為（契約の締結など）ができなくなるからです。

　例えば、賃貸不動産の修繕、建て替えなどを工務店に発注することができなくなりますし、不動産を売却して現金化することができなくなります。所有している不動産に係る法律行為が何もできなくなってしまうのです。

　そこで、子供を受託者とする信託契約を行い、不動産の名義を子供に替えておくのです。受益者をお父様とすれば贈与税は課されません。これを「自益信託」といいます。

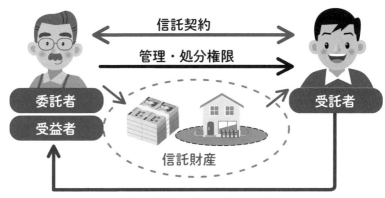

　　　　　　　　　　　　　　　　信託契約

　　　　　　　　　　　　　　管理・処分権限

委託者　　　　　　　　　　　　　　　　　　　　　受託者
受益者

　　　　　　　　　　　　　　信託財産

　　　　　　　　　財産給付・分配〈受益権〉

認知症と企業経営

　認知症は、不動産オーナーや金融資産オーナーだけでなく、企業経営者にとっても重要な問題です。

　企業経営者が会社（法人）のオーナーであれば、会社の非上場株式を所有している株主だということになります。つまり、企業経営者の将来の相続財産には、「非上場株式」という資産が含まれます。認知症になると、非上場株式を処分することができません。

一方、会社の経営そのものは、会社（法人）のオーナーではなく、会社の代表取締役がこれを行います。**経営者に認知症のおそれが生じた場合には、代表取締役のポジションを早めに後継者へ交代しておかなければいけません。**代表取締役のポジションに就いたまま認知症になってしまうと、企業経営を継続することができなくなるからです。

　認知症にならなくとも、経営能力に低下の傾向を感じたときには、潔く退任し、若い後継者に思い切って任せてしまう意思決定も必要でしょう。

　そして、企業経営者が認知症になってしまうと、非上場株式の贈与ができなくなります。つまり、個人の相続生前対策はできなくなるのです。

　それゆえ、会社経営の観点と、相続生前対策の観点から、代表者交代と株式の贈与を検討しておくことが必要です。

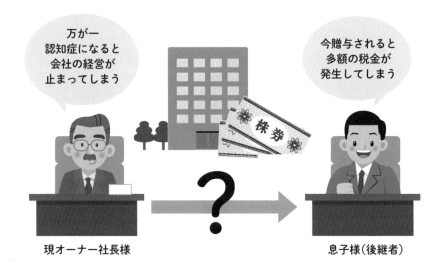

成年後見制度と民事信託の違いとは？

　認知症など判断能力が低下した高齢者を支援する制度として、成年後見制度があります。家庭裁判所の関与が不可欠です。

　財産の管理・処分を成年後見人が行うことができますが、成年後見人は常に家庭裁判所の監督下にあり、財産の保全を行うことだけしか行うことができません。保全だけというのは、例えば、親族がお金に困っていても、被後見人の財産を使って資金援助することができないということです。孫へ教育資金の贈与を行うこともできません。また、被後見人の配偶者の相続が発生したときには、必ず遺留分を主張しなければなりません。これは被後見人の本意ではないでしょう。

　このような問題が伴うため、成年後見制度よりも民事信託を活用するほうがよいと言われています。民事信託であれば、財産を過度に保全することを求められることはありません。財産を家族のために使ったり、生前贈与したりすることも可能です。これらは、信託契約に自由に決めておくことができます。

　認知症になった後でも、高齢者は自らの意思を実現したいと思うはずです。成年後見制度よりも民事信託の活用を考えてみてはいかがでしょうか。

	財産活用	遺言書	成年後見	民事信託
生前	守る	―	○	○
	本人の為に活かす	―	△	○
	家族の為に活かす	―	×	○
相続後	遺す	○	―	○
	先々まで遺す	―	―	○

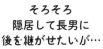

第28章

民事信託（その2）

～ 自社株管理と税務・相続

認知症になった方の財産管理には民事信託が有効です。今回は、会社経営者の民事信託の基本的な仕組みについてご説明いたします。

そろそろ
隠居して長男に
後を継がせたいが…

相談者Aさん
父70歳

×生前贈与
×売買

Bさん
長男40歳

自社株式を家族に預けることもできる

　父親が会社の代表取締役であり、大株主であるとしましょう。認知症になると、自社株式を贈与するなど相続対策を行うことができなくなります。そこで、所有する自社株式を後継者と想定される長男に預けるような民事信託を考えます。つまり、家族間で信託契約を締結するのです。

　父親は「私の株式を預かってください」、長男は「はい、わかりました。私が預かりましょう」という契約です。その結果、自社株式の所有権は父親から長男に移転します。

　この場合、預ける人である父親を「委託者」、預かってくれる人

である長男を「受託者」といいます。父親は長男のことを信じて、大切な個人財産である自社株式を託しているのです。

　自社株式の所有権移転ですから、株主名簿の書き換えを行い、株主名を長男に変更します。

　しかし、信託契約で面白いのは、株式を預かった人が、その株式から生じる配当金や残余財産の分配を得るわけではないということです。つまり、株式を持っているにもかかわらず、単に預かっているだけで、そこから発生する利益は別の人が受け取ることになります。この権利を「受益権」といい、それを持つ人を「受益者」といいます。

　ここでのケースであれば、自社株式の名義は受託者である長男となるにもかかわらず、分配される配当金は長男のものにはなりません。当然ながら、配当金を受け取る権利を父親として設定することができます。次男や奥様など他の家族に設定しても構いません。

　会社が分配する配当金はいったん長男の銀行口座に振り込まれることになります。受け取った長男は、それを受益者である父親に渡さなければなりません。

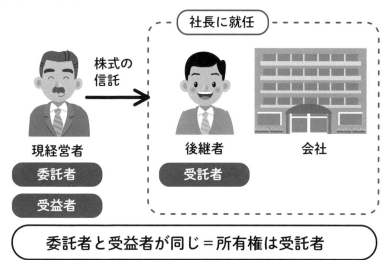

民事信託の税務

　民事信託の課税関係は、受益者に課税されるケースのみを理解しておけばよいでしょう。

　民事信託の税務のポイントは、**受託者ではなく受益者に対して課税**されることです。受益者は自社株式を所有しているわけではありませんが、自社株式を所有しているものとみなして、配当所得の申告を行います。

　ただし、委託者とは別の受益者を設定した場合（他益信託）には、状況が異なります。この場合、経済価値が受益者に贈与されたとみなされますので、受益者に対して贈与税が課されることになります。上述した事例では、委託者が父親、受託者が長男でしたが、受益者を父親ではなく母親や次男（長男でも可能）とすると、贈与税の課税が生じます。

　また、受益者を変更した場合も同様です。経済価値が他の受益者へ贈与されたとみなして贈与税が課されることになります。**受益者に相続が発生し、受益権が相続された場合には、相続人に対して相続税が課されます。**

　少々難しい話になりますが、民事信託の税務は一般的に、自益信託と他益信託に区別します。

　自益信託とは、委託者と受益者が同一である信託のことをいいます。この場合、委託者から受託者へ所有権は移転しますが、経済価値の帰属する者は変わりません。したがって、経済価値の移動は発生していませんので、信託を設定しても贈与税が課されることはありません。

　上述の事例において父親が自社株式を長男に信託するケースでは、長男が受託者になりますが、受益者を父親とすれば自益信託となります。

　信託してからも配当金を父親が受け取るならば、これまで通り父親

が配当金を受け取る状態に変化はありません。したがって、父親には贈与税は課されないのです。

　一方、上述の事例において、受益者を母親とすれば他益信託となります。

　信託した後は配当金を母親が受け取ることになりますので、父親が持っていた配当金を受け取る権利が母親に移転しています。したがって、受益権を受け取った母親には贈与税が課されるのです。

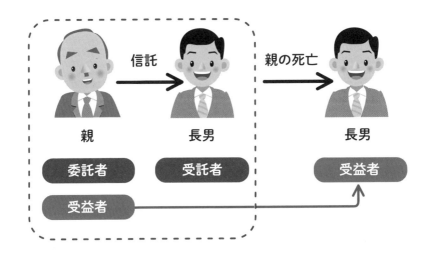

民事信託と相続

　経営者の株式に係る民事信託について見てきましたが、最後に、規模の大きな会社の株式について考えましょう。

　例えば、発行済株式100%を父親が所有しており、その株式の相続税評価額が10億円のケースを想定しましょう。後継者である子供に株式100%を集約することが理想ですが、それでは後継者ではない子供に対して不公平です。

しかし、子供たちに株式を分割してしまえば、将来的に会社の経営権をめぐってトラブルが発生するおそれがあります。例えば、M&Aで売却するときには共有オーナー全員の合意が必要です。1人でも反対する人が出てくると、M&Aによる売却ができなくなってしまいます。

　そこで活用したいのが民事信託です。例えば、父親が持つ株式を子供たちで公平に分割するしかないという状況が生じたとしましょう。

　そのような場合、後継者を受託者として自社株式を信託し、当初の受益権は父親が保有します（自益信託）。

　そして、相続が発生したときに、受益権の割合を子供たちで公平に分けるような信託契約で決めておくのです（遺言代用信託）。例えば、子供たちが3人であれば、受益権を3人に均等に分割するような契約です。

　ただし、企業経営については、現経営者の生前に後継者を1人任命し、その人を法人の代表者に就任させるのです。その点についても信託契約に記載しておけばよいでしょう。

　そうすれば、分割してしまった自社株式の処分に係る意思決定は、法人の代表者である後継者が単独で行うこととして、その処分をめぐるトラブルの発生を回避することができるのです。

たくさんの株主

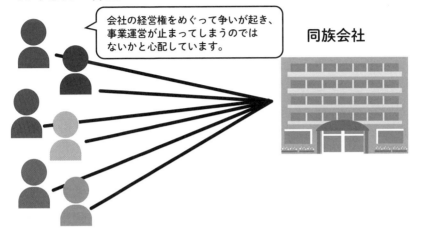

会社の経営権をめぐって争いが起き、事業運営が止まってしまうのではないかと心配しています。

同族会社

第29章

賃貸不動産経営

～不動産を法人で持つと
節税になるのはなぜか？

賃貸不動産を経営するとき、企業経営者で法人を持つ方々は、法人で経営することが効果的です。今回は、法人経営の3つの方法についてご説明しましょう。

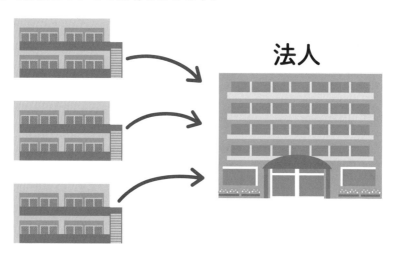

法人

法人を活用する管理委託方式と
転貸借方式とは？

　自分の土地にアパートを建てて、賃貸経営を行う地主さん、不動産オーナーはたくさんいらっしゃいます。その場合、賃貸経営を行う主体はオーナー個人でしょう。

　一方、企業経営者など法人を持っておられる方々は、法人を主体

として賃貸経営が行われるケースがあります。実は、法人の活用によって、賃貸経営における税負担を軽減させることができるのです。

　賃貸不動産の経営に法人を活用するスキームは3つあります。「管理委託方式」と「転貸借（サブリース）方式」と「不動産所有方式」です。

　「管理委託方式」とは、土地や建物の名義はオーナー個人のものとし、家賃収入の集金や物件の維持管理などを法人に代行させる方法です。最終的には管理会社へ下請けに出されるとしても、いったんオーナーが所有する法人に委託するわけです。

　オーナーは、管理費として法人へ支払います。それは、法人の売上高となる一方で、個人の経費となって不動産所得が減少します。法人が外部の管理会社に支払う実際の費用のほうが小さいとすれば、法人に利益が発生します。結果として、個人の不動産所得の一部が法人の利益に付け替えられているということです。

　一般的に、管理会社に対して業務委託した場合、その管理費は家賃収入の5から10%だと言われています。この水準を超える管理費の支払いは、税務上問題となるおそれがありますので注意しましょう。

　一方、「転貸借（サブリース）方式」とは、オーナー個人が所有する賃貸不動産を法人へ賃貸し、その法人が入居者へ賃貸するスキームです。

　この場合、法人が賃貸不動産を一括で借り上げることになります。法人は、入居者から家賃収入を得る一方で、オーナーに対して賃料を支払います。

　このとき、法人が稼ぐ家賃よりも、オーナーに支払う賃料のほうが小さければ、法人に利益が発生します。結果として、個人の不動産所得の一部が法人の利益に付け替えられているということです。

　一般的に、法人が転貸借を行った場合、法人の利益率は、家賃収入の15%前後だと言われています。この水準を超える利益の計上は、

税務上問題となるおそれがありますので注意しましょう。

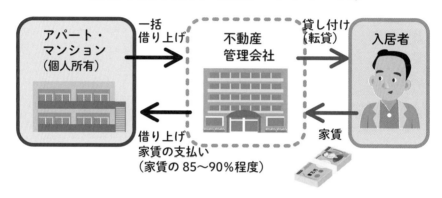

一括借り上げ方式（転貸・サブリース）

不動産所有方式とは？

　最後の方法は、「不動産所有方式」です。これは、不動産を個人が
所有するのではなく、法人が所有して賃貸経営を行う方法です。

　そもそも賃貸経営を個人で行うと、所得税や相続税の負担が大きく
なることが問題となりました。この点、個人ではなく法人に不動産に
所有させることによって、税負担を軽減させることができるのです。

　地主の方々であれば、相続した土地を個人で所有しており、建物を
新たに建築するケースが多いでしょう。この場合、自分の法人に建物
を建築させればよいのです。すでに個人で建物を所有してしまった場
合には、建物だけを個人から法人へ有償譲渡または現物出資すればよ
いでしょう。

　この不動産所有方式のメリットは、所得税と相続税の両方にありま
す。

　所得税について、最高税率55％まで上がる個人の所得税率が、概

ね 33% である法人税率よりも高い状況であれば、この税率差を利用した節税を可能とします。

　また、法人から家族に役員報酬や給与を支払うことで、所得の分散効果を享受することができます。この場合、各人ごとに給与所得控除という非課税枠を使うことができることに加えて、所得分散によって累進税率を引き下げることができます。その結果、家族全体として支払う所得税は減少するはずです。

　一方の相続税について、建物を法人所有とすることによって、賃貸不動産という相続財産を非上場株式という相続財産に転換し、相続税評価額を下げることができます。

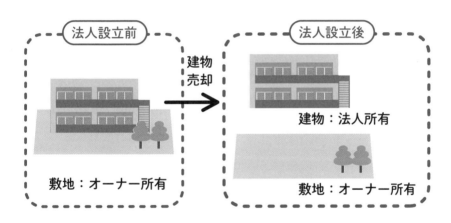

個人から法人へ
建物を移転するときの注意点

　オーナー個人がすでに賃貸経営を営んでいた場合、「不動産所有方式」を採用するためには、建物だけを個人から法人へ移します。土地は移しません。土地の譲渡所得税の負担が重すぎるからです。

　法人が個人から有償譲渡を受ける場合、その買い取り資金は、未払

い金計上して分割返済すればよいでしょう。そのときの建物の譲渡価額が問題となりますが、固定資産税評価額、減価償却後の帳簿価額（未償却残高）、不動産鑑定評価額などを用います。帳簿価額を用いるケースが多いようですが、帳簿価額を用いて譲渡とすれば譲渡所得が発生して、税負担が発生することがないからでしょう。

なお、移転コストも忘れてはいけません。登録免許税、不動産取得税、消費税、司法書士報酬などのコストが発生します。

必ず顧問税理士に確認していただきたい大きな論点が1つあります。借地権に対する権利金の問題です。建物を所有する法人は、借地権を持つことになりますが、地主であるオーナー個人に対して権利金の支払いが行われることは通常ありません。そこで、**法人は税務署に対して「土地の無償返還に関する届出書」を提出したうえで、通常の地代を支払います。**この点は顧問税理士に依頼しましょう。

この結果として、法人は、土地評価額の20%に相当する資産を所有するものとして相続税が課されますが、その一方で、個人が所有する土地評価額は20%減少することになります。

相続税の計算において注意すべき点は、建物を法人へ移してから3年以内にオーナーの相続が発生すると、その財産評価は、相続税評価額ではなく「通常の取引価額」によって高めに評価されることです。それによって、オーナーが持つ非上場株式の評価額が高くなるため、相続発生直前の法人活用には注意が必要です。

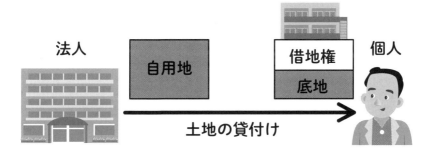

第30章

ファミリーオフィス

～ 会社だけでなく 経営者の資産管理も考えよう

毎 日仕事に忙しい経営者個人の資産管理は誰がやればよいのでしょうか。経営者個人のお金の問題をどのように管理すべきか、ファミリーオフィスを例に説明します。

経営者個人であっても管理は必要

　欧米では、経営者個人の資産管理や承継のために、ファミリーオフィスと呼ばれる専属チームを設置するなど、総合的に資産管理や承継が計画、実行されることが一般的です。

　ファミリーオフィスとは、家政婦、運転手、経理事務、プライベートの事務手続きなど、経営者個人の身の回りの世話をする専門チームのことをいいます。

　経営者個人のお金は、事業会社のお金と区別しなければいけません。資産管理会社の会計・税務は、事業会社の会計・税務と大きく異なるため、別の顧問税理士を雇うケースもあります。

　日本には、このように経営者個人の資産管理の体制をしっかり築こうとする考え方がありません。そのため、日本人のほとんどの経営者は、資産管理および承継について、効率の悪い資産運用を行い、重い税金を負担してきました。

　特に資産運用については、低金利時代に適切な金融商品がなく、多くの経営者は、課税繰り延べの節税商品や、収益性の低い不動産投資など、無駄な支出を行っています。

　一方、資産承継について、経営者個人は相続対策を考えなければいけません。遺産分割の問題もありますが、重い相続税の負担も軽視できません。経営者には個人の所得に対して最高税率 55% の所得税等が課されますが、相続時に至って、最高税率 55% の相続税が課され、子供に資産承継が行われます。結果的に、次世代にはほとんどお金が残らないのです。

　わが国は、世界一資産運用が難しく、世界一資産承継が難しい国と言っても過言ではないでしょう。

　このような環境にあるからこそ、経営者個人にも手厚い資産管理の体制を構築する必要なのです。しっかりとライフプランと相続対策を考え、戦略的に資産管理を行うべきです。

　欧米では、プライベートバンカーや、ファイナンシャル・プランナー、公認会計士が中心となり、経営者の資産管理や相続対策を立案し、長期にわたって寄り添い、経営者個人のモニタリングを行っています。これがファミリーオフィスと呼ばれるサービスです。

資産管理は、その計画の立案よりも実行後のモニタリングが重要です。当初想定できなかった出来事が発生し、資産価値は大きく変動します。その際に、解決すべき課題をタイムリーに把握しなければいけないのです。

　欧米では、このようなファミリーオフィスに注目が集まっており、大手金融機関、会計事務所、法律事務所が、サービス提供を開始しています。

　一方、わが国には、経営者個人の資産管理を行い、相続対策を立案してくれる専門家の数は多くありません。ファミリーオフィスと呼ばれるサービスが全く普及していないからです。これが最大の問題となります。

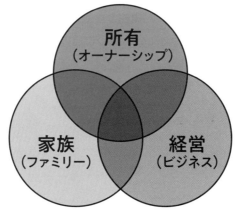

個人バランスシートの作成

　わが国の富裕層には、戦後の高度成長期を経て資産を蓄積した方々が多く、何代にもわたって資産家として君臨し続けている方々は、欧米ほど多くありません。それゆえ、富裕層の方々において、資産管理や相続対策のノウハウが蓄積されていないのです。

　そうは言っても、会社の事業経営に多忙な経営者が、個人資産の管理や承継を自ら勉強せよといっても、そんな時間を取ることはできません。それゆえ、外部の専門家がファミリーオフィスのサービスを提供することが必要となるでしょう。

　ファミリーオフィスは、経営者個人のお金の管理を行うことを前提として、経営者個人のライフプランを立案し、その計画を実現するための手段を実行します具体的な手段として、金融商品や賃貸不動産での資産運用、生命保険の活用、税金対策があります。

　その際、フローの収支を予測するライフプランだけでなく、経営者個人の現時点での正味財産を把握するため、個人のバランスシート（家計貸借対照表）を作成します。

【個人バランスシートの例】

（単位：万円）

【資産】		【負債】	
現預金	8,415	借入金	4,500
国内株式・債券	2,655	未払い一次相続税	2,700
海外株式・債券	825	未払い二次相続税	1,700
投資信託	1,325	（負債合計）	8,900
生命保険	1,320		
不動産	21,780	【純資産】	29,235
自社株式	1,815		
資産合計	38,135	負債・純資産合計	38,135

個人バランスシートの活用法

　このような個人バランスシートでは、資産の時価評価を行うべきでしょう。もちろん、金融資産、土地、自社株の時価が変動するからです。

　上場有価証券は、市場価格で評価します。非上場の有価証券や不動産が問題となりますが、これらは相続税評価を行えばよいでしょう。そうすることで、将来の相続税額との対応関係が明確になるからです。

　結果として、資産の評価額の変動に応じて、将来の相続税額も変動します。これによって、相続税対策を立案し、その後のモニタリングを継続するのです。

　以上のように、個人バランスシートを使って、金融資産、不動産、自社株式を時価評価し、資産全体を「見える」化することによって、経営者個人の最適な資産管理と相続対策を行うことができるようになります。

　例えば、相続税を支払うに足る十分な現預金が無ければ、生命保険を検討する、資産構成が偏りすぎている場合には、資産を分散させて、リスクの低減を図る、遺産分割が心配なときは、分割しやすい資産構成に変えるなど、様々な相続対策を考えることができます。

　事業会社の業績が良いほど、経営者個人の資産の規模が大きくなり、相続対策の重要性は高くなります。様々な資産を保有している経営者であれば、残すべき資産の優先順位を決めることも必要となるでしょう。

　経営者個人の資産全体を見渡すことができる個人バランスシート、必ず作成するようにしましょう。

投資スタイルは多様 －資産家の財産構成タイプ－

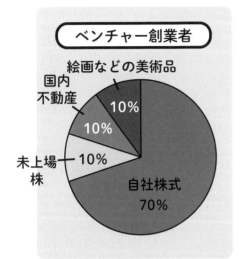

ベンチャー創業者

- 絵画などの美術品 10%
- 国内不動産 10%
- 未上場株 10%
- 自社株式 70%

先祖代々の地主

- 預金 10%
- 国内不動産 90%

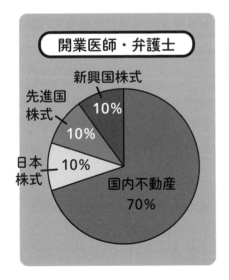

開業医師・弁護士

- 新興国株式 10%
- 先進国株式 10%
- 日本株式 10%
- 国内不動産 70%

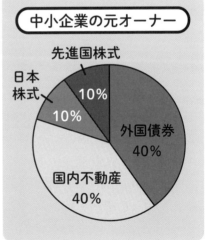

中小企業の元オーナー

- 先進国株式 10%
- 日本株式 10%
- 外国債券 40%
- 国内不動産 40%

吉岡マネジメントグループ

札幌本社）〒 060-0006　北海道札幌市中央区北 6 条西 24 丁目 1-30　YM ビル
　　　　　TEL（011）644-8988（代）

東京本社）〒 105-7110　東京都港区東新橋 1-5-2　汐留シティセンター 10F
　　　　　TEL（03）6686-8629（代）

　吉岡マネジメントグループは、士業、コンサルティング、システム＆コンテンツ
提供の総合経営サービス業として、創業 45 年の歴史とグループ全体で 350 人の社
員を有する。グループを構成する主要な法人は以下のとおり。

＜士業＞
税理士法人 日本会計グループ
税理士法人 相続対策センター
社会保険労務士法人 日本労務グループ
行政書士法人 日本法務グループ

＜コンサルティング＞
株式会社 吉岡経営センター
ビズアップ公共コンサルティング 株式会社
日本コンサルティング 株式会社
日本会計コンサルティング 株式会社

＜システム＆コンテンツ＞
日本ビズアップ 株式会社
株式会社 ビズアップ総研

編著者

税理士法人 日本会計グループ 代表社員
税理士 大貫 友久（おおぬき ともひさ）

全国展開する 9 事務所、所属税理士 25 名を率いる理事長と
して、吉岡マネジメント・グループの税理士業務を統括。
法人税務、個人・資産税、経営指導、人事労務まで、経営コ
ンサルティング部門、社会保険労務士、公認会計士と連携し
て、お客様の様々なニーズにワンストップで対応する。
特に、開業医師や医療法人の顧問税理士として、日本で最大規模の顧客数を誇る。
現在、資産税部門のサービス強化に注力しており、相続税申告だけでなく、相続
生前対策、事業承継・M&A、不動産投資などの資産税コンサルティングを提供す
るとともに、数多くのセミナーに講師として登壇。
会計・税務・経営・財務のプロフェッショナルとして、お客様のニーズを適切に
把握し、最適な解決策を提供すること、そして、お客様の利益最大化を追求する
ことを心がけている。

著 者

税理士法人 日本会計グループ 千葉事務所 所長
税理士 乗田 一正（のりた かずまさ）

税理士、行政書士、AFP、相続診断士、医業経営コンサルタント
中堅税理士事務所勤務を経て、乗田一正税理士事務所を個人開
業。税理士法人日本会計グループへ合流し、現在、千葉支社を
率いている。法人顧問だけでなく、相続税申告を多数受任して
いる。お客様の利益最大化を追求することを理念とし、相続・事業承継のコンサ
ルティングから、土地売却・不動産投資まで幅広い税務をサポートしている。

税理士法人 相続対策センター 代表社員
税理士 吉岡 健司（よしおか けんじ）

吉岡マネージメントグループで相続税申告を専門に行っている
税理士法人相続対策センターの代表社員を務める。同税理士
法人に所属する国税（資産税）出身の社員税理士とともに、札
幌を中心に相続税申告、財産評価、相続手続及び相続事前対策、
事業承継対策など相続に関する様々な要望に対応している。

賢い経営者の

相続と事業承継 30 章

発行日　2022 年 7 月 10 日

編　著　税理士法人 日本会計グループ

発行者　橋詰 守

発行所　株式会社 ロギカ書房
　　　　〒 101-0052
　　　　東京都千代田区神田小川町 2 丁目 8 番地
　　　　進盛ビル 303
　　　　Tel 03（5244）5143
　　　　Fax 03（5244）5144
　　　　http://logicashobo.co.jp

印刷所　亜細亜印刷株式会社